ジャム、コンポートから、クッキー、タルト、フィナンシェ、
チーズケーキ、ジェラート、葛まんじゅうまで

梅と杏のお菓子づくり

Natural & Elegant Ume & Apricot sweets

はじめに

毎年5月の終わりごろになると、
スーパーや青果店の店先に小粒の青梅がちらほらと顔を見せ始めます。
6月に入ると大粒の青梅が、6月中旬を過ぎるころには、
甘酸っぱい芳香の立ち上る完熟梅がお店に並びます。
今年も梅仕事の季節がやってきたと、そわそわする人も多いことでしょう。

梅の旬は意外と短いものです。
「重いから、今度買おう」と思っているうちに、
梅雨が終わり、夏の気配とともに、いつの間にか姿が見えなくなっていた……。
そんな経験をした人も少なくないはずです。
梅の時季を逃さないよう、店頭で見つけたら入手しておきましょう。

梅仕事愛好家たちのちょっとした悩みが、
シロップやお酒に漬けた「梅の実」の使いみち。
そのまま食べてももちろんおいしいのですが、意外と食べきれないものですよね。

この本では、青梅や完熟梅で作るシロップやコンポート、ジャムや梅酒、
それらを使ったお菓子を紹介しています。
お菓子の材料にすることで、シロップや梅酒に漬けた梅の実も、余すことなく使うことができます。

この本ではもう一つ、杏を使ったお菓子もご紹介しています。

杏が出回る時季は、6月下旬から7月下旬の1カ月ほど。

梅以上にあっという間に旬が過ぎてしまいますので、

杏のお菓子を作りたい人はくれぐれもご注意を。

この本では、コンポートやシロップ漬け、ジャムの作り方、

そして、それらを使ったお菓子を紹介しています。

お菓子を考案してくださったお一人は、

マクロビオティックやヴィーガンをベースとした、

料理教室「roof」を主宰する今井ようこさん。

今井さんのお菓子は、卵・白砂糖・乳製品を使わない身体に優しいものです。

もうお一人は、フランス菓子をベースにした華やかなお菓子が得意な、

フランス菓子のサロン「l'erable」を主宰する藤沢かえでさん。

藤沢さんのお菓子は、スパイスやハーブ、エディブルフラワーを使った、

大人っぽく個性的なものです。

梅と杏、どちらも旬の時季をとらえて、ぜひお菓子づくりを楽しんでください。

contents

卵・白砂糖・乳製品なしの
梅のナチュラルスイーツ
Natural Ume Sweets

卵・白砂糖・乳製品なしの
杏のナチュラルスイーツ
Natural Apricot Sweets

フランス菓子ベースの
エレガントな梅のお菓子
Elegant Ume Sweets

フランス菓子ベースの
エレガントな杏のお菓子
Elegant Apricot Sweets

［ この本のルール ］

・大さじ1は15㎖、小さじ1は5㎖。

・オーブン使用の場合、電気でもガスでも本書のレシピ通りの温度と時間で焼いてください。ただし、メーカーや機種によって火力が違うので、様子を見ながら温度は5℃前後、時間は5分前後、調整してください。

・電子レンジは600Wのものを使用しています。500Wのものをお使いの場合は加熱時間を1.2倍にのばしてください。

梅の下処理（共通）

梅はアク抜きしてへたを取ります。下処理だけして冷凍しておけば、いつでもジャムやシロップが作れるので便利です。

1

梅をボウルに入れ、たっぷりの水につけてアク抜きをする。固い青梅ならひと晩、全体が黄色でよく熟している完熟梅なら2〜3時間程度でもよい。

2

竹串で梅のへたを取る。

保存袋に梅が重ならないように並べて入れ、一度冷凍する。

＊冷凍することで細胞が壊れ、梅エキスが出やすくなります。

保存期間

・冷凍した梅は約1年間保存可能です。

杏の下処理（共通）

杏は半分に割って種を取ります。

1

杏のくぼみに包丁を入れ、種に到達したら、種に沿ってぐるっと一周切り込みを入れる。

2

切り目を中心にして両手で持ち、右手と左手を逆にひねって回し、半分に割る。

3

種を取る。

4

必要なら、包丁でさらに半分に切る。

保存瓶の消毒

［ 煮沸消毒 ］

1. 鍋に、洗剤でよく洗った保存瓶を入れ、瓶がしっかりかぶるくらいたっぷりの水をはり、火にかける@。沸騰したら5分ほど煮沸する。

2. 軍手をし、清潔なトングを使い瓶の口を下にして取り出す⑤。

3. 乾いた清潔な布巾の上に瓶の口を上にして置き、自然乾燥させる©。

4. 鍋に湯を沸かす。保存瓶のふたとジャムなどを瓶に移すスプーンを熱湯に5秒ほどくぐらせ@、乾いた布巾の上に置き、自然乾燥させる。

［ アルコール消毒 ］

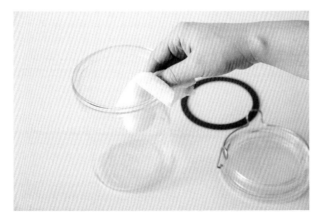

瓶が大きくて煮沸消毒できない場合は、ペーパータオルやさらしにホワイトリカーをつけて保存瓶をふく。ふたの裏や口のまわりも念入りに。

ジャムの保存方法

1. 保存瓶を煮沸消毒する（左記参照）。

2. 保存瓶が温かいうちに、90℃以上のジャムを瓶の9割まで詰め、すぐにふたを閉めて1分待つ。瓶が汚れたらホワイトリカーでふき取る@。

3. 一瞬ふたをゆるめ（ふたを開けすぎないこと）、空気が抜ける音がしたら、すぐにふたを閉め直し、そのまま冷ます⑤。

4. 長期保存する場合は、鍋に湯を沸かし、ジャムの入った瓶を入れて20分以上煮沸する。さびの原因になるため、ふたが湯につからないようにする©。

5. トングで瓶を取り出し、瓶の口を上にして、冷ます。

卵・白砂糖・乳製品なしの
梅のナチュラルスイーツ

Natural Ume Sweets

酸味の強い梅は、スパイスやハーブとの相性が抜群です。

まずは、スパイスやハーブを使ったシロップやコンポート、ジュースや梅酒、シンプルなジャムの作り方をご紹介します。

どのレシピも青梅でも完熟梅でも作れますから、手に入った梅で楽しんでください。

そのあとは、シロップや梅の実、ジャムを使った、クッキーやマドレーヌ、羊羹や葛まんじゅうの作り方を掲載しています。

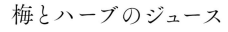

梅とハーブのジュース

材料 作りやすい分量
＊1ℓの瓶を使用。

青梅（または完熟梅）… 500g
てんさい氷砂糖 … 500g
ローズマリー（生）… 1枝
レモングラス（生）
　　… 2本（20cmのもの）
セージ（生）… 5茎

下準備

＊梅を水につけてアク抜きをし、へたを取ったら（P6）、保存容器や保存袋に梅が重ならないように並べて入れ、冷凍する。

＊保存瓶を消毒する（P7）。

（保存期間）

・冷蔵庫で約10日間保存可能です。

作り方

1　保存瓶に冷凍した梅と氷砂糖を交互に入れる。途中でハーブ類を差し込みながら、さらに梅と氷砂糖を交互に入れていく。一番上は氷砂糖にする。

2　ふたをして冷暗所におく。朝と晩、縦に瓶をゆすり、約10日間おく。途中、発酵してきたらふたをあけてガスを抜く。

梅とローズマリー、レモングラス、セージを氷砂糖で漬け込んだ、さっぱりとしたジュースです。冷凍した梅を使うことで、より早く梅のエキスを引き出せます。個性的で大人っぽい味なので、炭酸水で割り、ノンアルコールのカクテルとして楽しむのもおすすめです。

梅のスパイスシロップ

材料 作りやすい分量
＊1ℓの瓶を使用。

完熟梅（または青梅）… 500g
てんさい氷砂糖 … 500g
八角 … 1個
シナモンスティック … 1本
クローブ … 2〜3個

下準備

＊梅を水につけてアク抜きをし、竹串でへたを取る（P6）。

＊保存瓶を消毒する（P7）。

（保存期間）

・冷蔵庫で約2〜3カ月間保存可能です。

作り方

1　梅の水けをふき、竹串やフォークで表面に穴をあける。

2　保存瓶に、1の梅と氷砂糖を交互に入れる。途中でスパイス類を差し込む。一番上は氷砂糖にする。

3　ふたをして冷暗所におく。朝と晩、縦に瓶をゆすり、約10日間おく。途中、発酵したらふたをあけてガスを抜く。

4　小鍋に3のエキスを入れて、20分ほど弱火にかける。アクを取りながら煮詰め、火を止めてそのまま冷ます。

5　梅とスパイスの入った保存瓶に4のエキスを静かに注ぎ入れ、ふたを閉める。

完熟梅に八角とシナモンで風味をつけたスパイシーなシロップです。水や炭酸水で割るとジュースになります。残った梅は砂糖を加えてジャムにしたり、お菓子の材料に使ったりできます。

唐辛子入りの梅酒

材料 作りやすい分量
＊1.5ℓの瓶を使用。

青梅（または完熟梅）… 500g
てんさい氷砂糖 … 350〜400g
ホワイトリカー … 750mℓ
赤唐辛子 … 1本

下準備
＊梅を水につけてアク抜きをし、竹串でへたを取る（P6）。
＊保存瓶を消毒する（P7）。

作り方

1　梅の水けをふき、竹串やフォークで梅の表面に穴をあける。

2　保存瓶に、1の梅と氷砂糖を交互に入れる。途中で赤唐辛子を入れる。一番上は氷砂糖にする。

3　ホワイトリカーを静かに注ぎ入れ、ふたをする。

（保存期間）
・冷暗所で数年間保存可能です。
・3カ月後から飲み始められますが、飲みごろは6カ月以降です。

赤唐辛子を入れることで、ピリリとパンチをきかせた梅酒です。炭酸水などで割って楽しむことができます。

梅のコンポート

材料 作りやすい分量
＊1ℓの瓶を使用。

完熟梅（または青梅）…300g
水…200mℓ
白ワイン…200mℓ
てんさい糖…150g
＊青梅の場合は200gにする。

下準備

＊梅を水につけてアク抜きをし、
　竹串でへたを取る（P6）。
＊保存瓶を消毒する（P7）。

（保存期間）

・冷蔵庫で約2〜3カ月間保存
　可能です。
・食べごろは、約2日後からです。

作り方

1　梅の水けをふく。

2　鍋に梅以外の材料を入れ@、中火にかける。沸騰し
　たら火を止め、1の梅を静かに入れる⑥。

3　2を5分ほど弱火にかける。途中で梅の皮がはがれ
　そうになったら火を止めてそのまま冷ます。

4　保存瓶に3の梅を静かに移し入れる。

5　鍋に残ったシロップは5分ほど中火で煮詰め©、粗
　熱を取ったら4の保存瓶に静かに注ぎ入れる@。

梅で作るコンポートは、それだけでおいしいお菓子に。シロップを水や炭酸で割ると夏バテ防止のドリンクにも。酸味の強い青梅で作る場合は、砂糖の量を増やしてください。

青梅と完熟梅でシンプルなジャムを作ります。
クエン酸が豊富な梅で作った甘酸っぱい梅ジャムは、
むしむしした梅雨には心身をスッキリさせてくれますし、
夏は暑気払いにぴったりです。
パンにつけたり、ヨーグルトに添えて楽しむだけでなく、
お菓子の材料としても活躍しますので、
多めに作っておくといいでしょう。

青梅ジャムと完熟梅ジャム

材料 作りやすい分量
＊300mℓの瓶を2個使用。

青梅（または完熟梅）… 500g
てんさいグラニュー糖 … 150g
＊完熟梅の場合は130gにする。

下準備

＊梅を水につけてアク抜きをし、
竹串でへたを取る（P6）。

作り方

1　梅の水けをふく。

2　1の梅を鍋に入れ、水をひたひたに
注いで中火にかける@。沸騰したら
弱火にし、10分ほどゆでる。

3　2をそのまま冷まし、手で触れるくら
いの熱さになったら種を取るⓑ。

4　鍋に3の梅の実とてんさいグラニュー
糖を入れⓒ、弱めの中火にかけて、
とろりとするまで煮詰めるⓓ。

5　4が熱いうちに、煮沸消毒（P7）して
すぐの保存瓶に入れる。

（保存期間）

・ジャムの保存方法はP7参照。

・冷暗所または冷蔵庫で3〜4カ月間保存可能です。

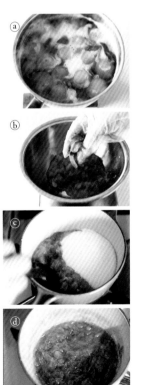

UME

JAM

COOKIES

大ぶりなアメリカンスタイルのソフトクッキーです。
クッキー生地にアーモンドプードルを使っているところが
しっとりした食感の秘密。めん棒などは使わず手軽に作れます。
甘酸っぱい梅ジャムをたっぷり包みたいので、
外に流れ出さないよう、少し煮詰めてから使うことがポイントです。

梅ジャムのソフトクッキー

材料 10個分

A 薄力粉 … 150g

　アーモンドプードル … 30g

　てんさい糖 … 45g

　塩 … ひとつまみ

B 植物性油 … 大さじ4

　無調整豆乳 … 大さじ3

梅ジャム（P13）… 100g

アーモンドスライス … 適量（約60枚）

てんさいグラニュー糖 … 適量

下準備

＊ジャムがゆるいときは、軽く煮詰めて流れない固さにする。

＊オーブンを160℃に予熱する。

＊天板にオーブンシートを敷く。

作り方

1　ボウルにAを入れてゴムべらで均一に混ぜる。

2　Bを泡立て器でよく混ぜて1に入れ、ゴムべらで混ぜてひとまとめにする。

3　2の生地を30gずつに分ける。

4　3の生地を軽く丸めたら、手のひらで直径6cm程度に丸く広げ、梅ジャムを10gずつのせて、ひだを寄せながら包む。

5　4をまとめた口の方を下にして天板にのせる。上から軽く押さえて平らにする。このときジャムが見えてしまってよい。

6　5のクッキーの上にアーモンドスライスを適量のせ、グラニュー糖をふたつまみふる。

7　160℃に予熱したオーブンで15分焼き、温度を150℃に下げてさらに5分焼く。

薄力粉に片栗粉と
アーモンドプードルを配合することで、
しっとりした食べ心地でありながら、
軽やかな食べ心地のマドレーヌに仕上げました。
梅ジャムの酸味とバニラの香りが口の中に広がります。

梅のマドレーヌ

材料 長径7.5cmのマドレーヌ型6個分

A 薄力粉 … 40g

　片栗粉 … 20g

　アーモンドプードル … 25g

　てんさい糖 … 30g

　ベーキングパウダー … 小さじ1/4

　塩 … ひとつまみ

B 無調整豆乳 … 大さじ2

　メープルシロップ … 大さじ2

　植物性油 … 大さじ2

梅ジャム（P13）… 約50g

＊梅のスパイスシロップ（P10）の梅の実50g分を刻んだものでもよい。

梅のスパイスシロップ（P10）… 適量

＊梅のコンポート（P12）のシロップを使ってもよい。

バニラビーンズ … 1cm

下準備

＊Aの薄力粉をふるう。

＊バニラビーンズのさやに切り目を入れて種をかき出す。

＊型に植物性油（分量外）を薄く塗る。

＊オーブンを185℃に予熱する。

作り方

1　ボウルにAを入れてゴムべらで混ぜる。

2　別のボウルにBを入れて泡立て器でよく混ぜる。

3　1のボウルに2を加え、バニラビーンズも加えてゴムべらで粉けがなくなるまでさっくりと混ぜる。

4　型に3の生地を半分入れ、梅ジャムを7〜8gずつのせ、残りの生地を九分目までのせる。

5　185℃に予熱したオーブンで14〜15分焼く。

6　ケーキクーラーの上にオーブンシートを敷き、型から出したマドレーヌをのせ、温かいうちに梅のスパイスシロップをかける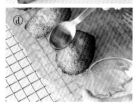。

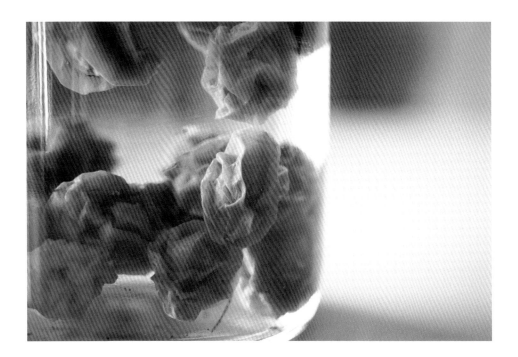

梅の蒸しパウンドケーキ

材料 縦15×横7×高さ6cmのパウンド型1台分

A 薄力粉 … 120g
　アーモンドプードル … 35g
　てんさい糖 … 45g
　ベーキングパウダー … 小さじ1
　塩 … ひとつまみ
B 植物性油 … 大さじ2
　梅のスパイスシロップ (P10) … 大さじ2
　無調整豆乳 … 90mℓ
梅のスパイスシロップの
　しわしわになった梅の実 (P10)
　　… 80g (種を除いた正味)
クコの実 … 10g

作り方

1　ボウルにAを入れてゴムべらで混ぜる。

2　別のボウルにBを入れて泡立て器でよく混ぜる。

3　1のボウルに2を加え、ゴムべらで粉けがなくなるまでさっくりと混ぜる。

4　3のボウルに刻んだ梅の実とクコの実を加えてゴムべらで混ぜⓐ、型に流し入れる。

5　蒸気の上がったせいろに型をのせⓑ、40〜45分蒸す。

下準備

＊薄力粉をふるう。

＊梅の実から種を除いて粗く刻み、水けをふき取る。

＊型にオーブンシートを敷く。

＊鍋に水をはり、せいろをのせて湯を沸かす。せいろがない場合は、鍋に底から3cm程度水をはり、蒸し台を置いて湯を沸かす。

梅のしわしわの具合

左の梅の実程度のしわしわ具合のものを使うこと。右の梅の実ほどしわしわだと、実を削ぐことは難しい。

蒸して作るパウンドケーキは、
オーブンで焼くケーキに比べて、
ふんわりしっとりした食べ心地です。
シロップに漬けてしわしわになった梅の実を刻んで入れることで、
梅の風味がしっかり感じられます。
唐辛子入りの梅の実（P11）で作ると、
大人っぽい味に仕上がります。

アーモンドプードルベースのタルトに、
スパイスの香りがしっかりついた
梅の実のペーストをたっぷり塗り、
烏龍茶の茶葉を加えた
クランブルを散らしました。
梅と烏龍茶の香りが楽しめます。
梅のスパイスシロップ（P10）のしわしわになった
梅の実を使いましたが、
梅ジュースの実やジャムを使っても
おいしくできます。

梅と烏龍茶クランブルのタルト

梅と烏龍茶クランブルのタルト

材料　直径18cmのタルト型1台分

A 薄力粉 … 100g
　　全粒薄力粉 … 20g
　　てんさい糖 … 10g
　　塩 … ひとつまみ

B 植物性油 … 大さじ3
　　無調整豆乳 … 大さじ2

C アーモンドプードル … 100g
　　薄力粉 … 50g
　　ベーキングパウダー
　　　　… 小さじ1/3
　　塩 … ひとつまみ

D 植物性油 … 大さじ2
　　メープルシロップ … 大さじ3
　　無調整豆乳 … 大さじ2

梅のスパイスシロップ（P10）
　　… 適量
梅のスパイスシロップの
　　しわしわになった梅の実（P10）
　　… 200g（種を除いた正味）
＊梅ジャム（P13）でもよい。
＊梅のしわしわの具合はP18参照。

［烏龍茶クランブル］
E 薄力粉 … 40g
　　アーモンドプードル … 20g
　　てんさい糖 … 20g
　　烏龍茶の茶葉 … 5g
植物性油 … 大さじ2程度
食用ゼラニウムの花 … 適量

下準備

＊オーブンを170℃に予熱する。
＊烏龍茶の茶葉をすり鉢でする ⓐ。

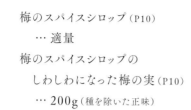

作り方

1　ボウルにAを入れてゴムべらで混ぜる。

2　別のボウルにBを入れて泡立て器でよく混ぜる。

3　1のボウルに2を入れて、ゴムべらでさっくりと混ぜたら、ボウルの周りについた粉をふき取るようにしながら、手でひとまとめにする。粉がまとまりにくいときは、豆乳少々（分量外）を足す。

4　3の生地をめん棒で型よりひと回り大きくのばす。

5　めん棒に生地をかけて型に敷き ⓑ、めん棒を型の上で転がして縁の生地を切る。隙間ができないように指先を使って縁に生地を沿わせ ⓒ、底にフォークで穴をあける。

6　ボウルにCを入れ、ゴムべらで混ぜ合わせる。別のボウルにDを入れて泡立て器で混ぜたらCのボウルに入れてゴムべらでよく混ぜる。

7　6の生地を5に入れてゴムべらでならす ⓓ。

8　7を170℃に予熱したオーブンで20〜25分焼く。粗熱が取れたら型から出して冷まし、温かいうちに梅のスパイスシロップをスプーンの背で塗って染み込ませる ⓔ。

9　梅の実は種を除いてハンドブレンダーで攪拌して好みの粗さのペースト状にする ⓕ。

10　烏龍茶クランブルを作る。オーブンを170℃に予熱する。ボウルにEを入れ、植物性油を少しずつ加えながら、そぼろ状になるまで指先で油を全体に散らすように混ぜる ⓖ。

11　天板にオーブンシートを敷き、10を広げ ⓗ、170℃に予熱したオーブンで8〜10分焼く。

12　8の上に9の梅のペーストを広げ ⓘ、11のクランブルを全体にのせる。

梅とハーブの白羊羹

レモングラスやセージの香り、梅の甘さと酸味がまろやかな白あんがよく合います。梅の実は大きめに刻むと食感が生まれて、おいしくなります。

材料　縦24×横6×高さ4.5cmのスリムパウンド型1台分

梅とハーブのジュースのしわしわになった梅の実（P10）

　　… 200g（種を除いた正味）

＊梅のしわしわの具合はP18参照。

白あん（P26）… 350g

A　水 … 100mℓ

　　てんさい糖 … 50g

　　アガー … 小さじ1

作り方

1　梅の実は、種を除いて粗く刻み、白あんと混ぜる。

2　鍋にAを入れて中火にかけ、沸騰したら弱火にして1〜2分加熱する。

3　2の鍋に1を加えて混ぜ、温まったら型に流し入れる。

4　粗熱が取れたら表面にラップをピタッとはりつけ、冷蔵庫で冷やし固める。

梅と甘酒のゼリー

梅のクエン酸と甘酒で、暑い夏の日に滋養をつけられたらいいなと考えてできたお菓子です。日差しに透けるキラキラとしたゼリーにしたくて透明度の高いアガーを使いました。アガーは、室温でも溶けにくいので夏のお菓子作りにぴったりです。

材料 口径6×高さ5cmのプリン型4個分

A 梅のコンポートのシロップ（P12）
　　… 120㎖
　　＊甘いのが好きな方は、好みで
　　　てんさい糖10〜20gを加える。
　　アガー … 小さじ1/3

B 甘酒 … 80g
　　水 … 70㎖
　　アガー … 小さじ1/3

梅のコンポート（P12）… 4粒

作り方

1 鍋にAを入れて中火にかける。沸騰したら弱火にして1〜2分加熱する。

2 1をプリン型に流し入れ、梅のコンポートを入れて冷蔵庫で冷やし固める。

3 鍋にBを入れて中火にかける。沸騰したら弱火で1分ほど加熱する。

4 2が固まっているのを確認し、粗熱が取れた3を上から流し入れ、冷蔵庫で冷やし固める。型の周りを温かいタオルで温めながら中身を取り出して器に盛る。

梅シロップのチェー

ベトナムの伝統菓子、チェーをイメージして作りました。梅とココナッツミルクは意外に相性がいいのでおすすめです。チェーらしくするため、寒天は少しゆるめにしています。

材料 *グラス2個分*

白あん（下記参照）… 150g
梅のコンポート（P12）… 2〜4個
梅のコンポートのシロップ（P12）
　… 150mℓ
粉寒天 … 小さじ1/4
砕いた氷 … 適量
ココナッツミルク … 適量

作り方

1　小鍋に梅のコンポートのシロップを入れ、粉寒天をふり入れて中火にかける。沸騰したら弱火で1〜2分加熱し、容器に移す。粗熱が取れたら冷蔵庫で冷やし固める。

2　白あんに水を少量（分量外）足して混ぜ、とろりとしたやわらかさにする。

3　グラスに2の白あんを入れ、1のゼリー、梅のコンポート、砕いた氷をのせ、ココナッツミルクをかける。

［白あん］

材料 *作りやすい分量*

A　白小豆（乾燥）… 1/2カップ
　　水 … 300〜350mℓ（小豆の3〜3.5倍量）
　　昆布 … 1枚（2cm四方のもの）
てんさい糖 … 30〜40g
塩 … ひとつまみ

作り方

1　圧力鍋にAを入れて強火にかける。沸騰したらふたをする。圧がかかったら弱火にし、25分炊いて火を止める。圧が抜けるまでおき、小豆が指でつぶれるくらいやわらかいことを確認する。固いようならもう少し圧をかける。水分が残っていたら強火にかけてとばす。

2　1の圧力鍋にてんさい糖を入れて混ぜ合わせる。弱めの中火にかけ、ふたを開けたままそっと混ぜながら火を入れる。鍋底にすじがつく程度になったら、塩を入れてひと混ぜする。

3　2の白あんをバットなどに移し、表面に膜がはらないよう、白あんにラップをぴったりとつけてはり、冷ます。

体を冷やしすぎない、甘酒と梅の実を
ブレンドしたアイスクリームです。
梅のスパイスシロップ（P10）や
梅のコンポート（P12）の
梅の実を使ってもおいしくできます。

梅の甘酒アイス

材料 作りやすい分量

甘酒 … 200g

唐辛子入りの梅酒のしわしわになった梅の実（P11）
　　　… 250g（種を除いた正味）

* 梅のしわしわの具合はP18参照。

無調整豆乳 … 150㎖

作り方

1 すべての材料を合わせ、ハンドブレ
　ンダーで撹拌してなめらかにする。

2 保存容器に入れて冷凍庫で半日ほ
　と冷やし固める。完全に固まる前に
　途中2〜3度、撹拌する。

シナモンと八角の香りがきいた
甘酸っぱい梅のシロップを混ぜた葛で、
梅の実と白あんを包みました。
涼やかな見た目とプルプルした食感が、
夏にぴったりのおやつです。

梅の葛まんじゅう

材料 4個分

白あん（P26）… 80g

梅のスパイスシロップの梅の実（P10）… 4個

A 葛粉 … 40g

てんさい糖 … 30g

梅のスパイスシロップのシロップ（P10）… 150㎖

＊梅とハーブのジュース（P10）のジュースでもよい。

水 … 100㎖

下準備

＊小さめの器にラップを敷く⒜。

作り方

1 白あんを4等分して丸める⒝。

2 梅の実から種を除き、梅の実をほぐして、ペーパータオルで水けを取る⒞。

3 ボウルに**A**を入れてゴムべらで混ぜ、ざるでこしながら鍋に入れる⒟。

4 3の鍋を中火にかけ、ゴムべらで練る。粘りが出てきたら火を弱め、色が透明になるまでさらに2〜3分練る⒠。

5 ラップを敷いた器の半分まで4をのせ、2の梅の実を1/4量と1の白あんをのせる⒡。

6 5に残りの葛をのせ、ラップを上部でまとめてひねり、ゴムなどで留める⒢。冷水に当てて冷やす。

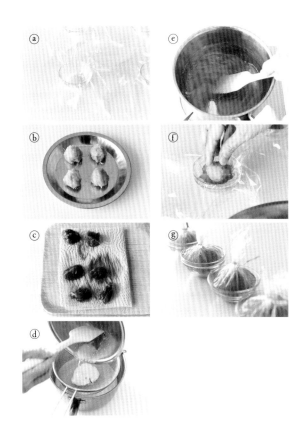

卵・白砂糖・乳製品なしの
杏のナチュラルスイーツ
Natural Apricot Sweets

杏は酸味が強く、えぐみもあるので、
生で食べるには向かない品種もあります。
コンポートやジャムにしたり、シロップやお酒につけたりすることで、
ほどよい甘酸っぱさが生まれ、おいしい果実に生まれ変わります。
コンポートやシロップ、ジャムの作り方と、それらを使った、
クッキーやパウンドケーキ、杏仁豆腐、
アイスキャンディーの作り方などをご紹介します。
旬が短い杏なので、手に入ったらすぐに作れるように、
生の杏をダイレクトに焼き込む
クランブルケーキやガレットも掲載しています。

杏を5分煮たら、あとは時間にまかせて白ワインベースのシロップがじっくり染み込んでいくのを待つだけ。杏の強い酸味と香りが引き立つよう、シンプルなレシピにしました。お菓子に使うこともできますし、このまま食べてもおいしいお菓子です。

杏の白ワインコンポート

材 料　作りやすい分量
＊1ℓの瓶を使用。

杏 … 500g
A　水 … 200㎖
　｜　白ワイン … 300㎖
　｜　てんさい糖 … 150g
セージ(生) … 1茎

下準備
＊杏は半分に割って種を取る(P6)。
＊冷水を用意する。
＊保存瓶を消毒する(P7)。

作り方

1　鍋に湯を沸かし、杏をそっと入れる
　ⓐ。3秒たったら冷水にとり、皮をむ
　くⓑ。

2　鍋にAを入れて中火にかけ、てんさ
　い糖を溶かす。

3　2の鍋に1の杏を入れ、弱火で5分
　ほど煮るⓒ。煮崩れそうになったら
　火を止める。

4　保存瓶に3の杏を静かに移し入
　れ、セージを入れるⓓ。

保存期間
・冷蔵庫で約10日間保存可能です。
・食べごろは、約2日後からです。

杏のスパイス
シロップ漬け

スパイスを入れずに、プレーンなシロップ漬けを作っても。

杏の実はそのまま食べても、お菓子に使ってもよし。

杏のえぐみをやわらげました。

クローブとシナモンで風味をつけることで、

材料 作りやすい分量
＊1ℓの瓶を使用。

杏 … 600g
A 水 … 400㎖
　てんさい糖 … 170g
クローブ … 2粒
シナモンスティック … 1本

下準備

＊杏は半分に割って種を取る（P6）。
＊保存瓶を消毒する（P7）。

作り方

1　鍋に湯を沸かし、杏をそっと入れて、20〜30秒加熱する。

2　1の杏を冷水にとり、皮をむいて、水けをふき、保存瓶に静かに入れる。

3　鍋にAを入れて中火にかけ、沸騰したら火を止める。

4　2の保存瓶に3のシロップを熱いうちに静かに注ぎ入れる⒜。クローブとシナモンも入れてふたを閉める。

（**保存期間**）

・冷蔵庫で1週間〜10日間保存可能です。

・食べごろは、約2日後からです。

杏とレモンの
カルダモン酒

材料 作りやすい分量
＊1ℓの瓶を使用。

杏 … 300g
てんさい氷砂糖 … 100g
ホワイトリカー … 450㎖
カルダモン … 5〜6粒
レモンの輪切り … 2枚
　（皮をむいた1㎝厚さのもの）

下準備

＊杏はよく洗って、水に10分以上つける。
＊保存瓶を消毒する（P7）。

作り方

1　保存瓶に水けをふいた杏と氷砂糖とレモンを交互に入れ、カルダモンも入れる。

2　ホワイトリカーを静かに注ぎ入れ⒜、ふたを閉める。

（**保存期間**）

・冷暗所で約1年間保存可能です。

・3カ月後から飲み始められますが、飲みごろは6カ月以降です。

てんさい氷砂糖で杏のエキスを抽出し、ホワイトリカーに風味を移して、

カルダモンで香りをつけました。

レモンを入れることでスッキリとした味わいになります。

杏ジャム

杏をてんさい糖で煮るだけの
シンプルなジャムです。
あれば杏の種「杏仁」を
数粒入れることで、
一気に華やかな香りになります。

材料 作りやすい分量

杏 … 500g（種を取った正味）

てんさい糖 … 150 〜 200g

（あれば）杏の種、
　　または杏仁（杏の種の核）… 5粒

＊杏仁は杏仁豆腐の原料です。「南杏」や
　「北杏」という名前でも市販されています。
　中国の南部でとれる「南杏」の方が甘みが
　あり、おすすめです。

下準備

＊杏は半分に割って種を取り（P6）、皮つきのまま
　くし形に切る。

作り方

1　鍋に杏を入れ、てんさい糖をふり入れる
　ⓐ。鍋をゆすって杏の全体にからめⓑ、
　1〜2時間おいて、水分を出す。

2　杏の種の殻を金づちで割り、種の核（杏
　仁）を取り出す。

3　1の鍋に2を入れてⓒ、中火にかける。
　沸騰したら弱火にしてアクを取りⓓ、軽く
　つぶしながら15〜20分煮るⓔ。

4　3が熱いうちに、煮沸消毒（P7）してすぐ
　の保存瓶に入れる。

見た目も味もどこか懐かしいジャムクッキー。
キリッとした酸味と優しい甘みの杏ジャムを
ぽってりと真ん中に絞り出しました。
米粉とアーモンドプードルをブレンドすることで、
軽やかで口溶けよく仕上がります。

杏ジャムのクッキー

材料　約20枚分

杏ジャム（P34）… 60～80g

A 米粉 … 50g
　片栗粉 … 20g
　アーモンドプードル … 30g
　てんさい糖 … 10g
　塩 … ひとつまみ
　ジンジャーパウダー … 小さじ1/3

B 植物性油 … 大さじ3
　メープルシロップ … 大さじ2
　無調整豆乳 … 大さじ2

下準備

＊オーブンを160℃に予熱する。
＊天板にオーブンシートを敷く。

作り方

1　ボウルにAを入れてゴムべらで均一に混ぜる ⓐ 。

2　Bを泡立て器でよく混ぜて1に入れ、ゴムべらで混ぜてひとまとめにする。

3　口径1cmの星口金をつけた絞り袋に2を入れ、直径3cmの円形に絞る ⓑ 。

4　指に軽く水をつけて3の中心をくぼませ ⓒ 。絞り袋に杏ジャムを入れてくぼみに絞る ⓓ 。

5　160℃に予熱したオーブンで15分焼き、温度を150～145℃に下げてさらに10～15分焼く。

杏とバナナのパウンドケーキ

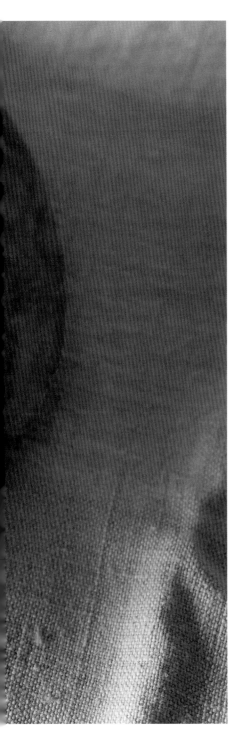

バナナ、杏のコンポート、カルダモンとシナモンを混ぜ込んだ
大人っぽい味わいのケーキに、杏ジャムをたっぷり挟み込んだ、
リッチなパウンドケーキです。
おもてなしやプレゼントにもおすすめです。

材料 縦15×横7×高さ6cmのパウンド型1台分

杏の白ワインコンポート（P31）
　　… 半割りにしたもの2個分

杏ジャム（P34）… 大さじ4〜5

A 薄力粉 … 120g

　アーモンドプードル … 40g

　てんさい糖 … 15g

　ベーキングパウダー … 小さじ1

　カルダモンパウダー … 小さじ1/3

　シナモンパウダー … 小さじ1/3

　塩 … ひとつまみ

B バナナ … 100g

　メープルシロップ … 大さじ3

　植物性油 … 大さじ2

　無調整豆乳 … 50mℓ

てんさい糖 … 適量

下準備

＊オーブンを170℃に予熱する。

＊型にオーブンシートを敷く。

＊薄力粉をふるう。

作り方

1　ボウルにAを入れてゴムべらで混ぜる。

2　別のボウルにBのバナナを入れてフォークでつぶし@、Bの残りの材料を加えて泡立て器でよく混ぜる。

3　杏の白ワインコンポートの水けをペーパータオルで除き、を粗く刻む。

4　1のボウルに2と3を加え、ゴムべらで粉けがなくなるまでさっくりと混ぜる⑥。

5　型に4の生地を入れ、170℃に予熱したオーブンで25〜30分焼く。竹串を刺して何もついてこなければ焼き上がり。型からはずして冷ます。

6　5のケーキを横半分に切って、杏ジャムを挟み©、てんさい糖を茶こしで表面全体にふる。

杏ジャムの求肥巻き

材料 20×16cmのバット1個分

杏ジャム（P34）… 70g

白玉粉 … 75g

水 … 180mℓ

てんさい糖 … 100g

片栗粉 … 適量

ミントの葉 … 7枚

作り方

1　ボウルに白玉粉と水を入れて混ぜ、白玉粉を溶かす。ざるでこしながら鍋に入れⓐ、中火にかけながらゴムべらで混ぜるⓑ。

2　1が固まってきたら鍋を火からおろし、よく練り混ぜるⓒ。

3　2がなめらかになったらてんさい糖の半量を入れ、再び中火にかけて混ぜる。まとまってもったりしてきたら火からおろし、さらによく練るⓓ。

4　3に残りのてんさい糖を入れて再び火にかけて練りⓔ、まとまってきたら火からおろし、さらによく練るⓕ。

5　バットの全面に片栗粉をふり、4を流し入れるⓖ。表面をならしたら片栗粉を全体に茶こしでふるⓗ。

6　粗熱が取れたら冷蔵庫で冷やす。

7　作業台にラップを敷いて6の生地をのせる。表面の片栗粉は手で払う。生地の周囲を1cmほどあけて杏ジャムをのせ、ミントの葉をちぎって全体にのせる。手前からラップごと巻いていくⓘ。冷蔵庫でよく冷やし、好みの厚さに切る。

もちもちの求肥で杏のジャムとミントの葉を巻いた和のおやつです。おいしい求肥を作るコツは、手を休めずに練り続けること。もたもたしていると白玉粉が固まってしまうので、手早く作ることがポイントです。夏に持ってこいの冷たいお菓子です。

フレッシュ杏のクランブルケーキ

フレッシュな杏をぎっしり
敷き詰めて、焼き込みました。
アーモンドケーキと、
加熱でグッと甘くなったジューシーな杏、
ほろほろと口の中で溶けていく
クランブルとの組み合わせが抜群です。

フレッシュ杏の
クランブルケーキ

材料　直径18cmの丸型1台分

杏 … 2個

［クランブル］

植物性油 … 大さじ2程度

A 薄力粉 … 40g
　 アーモンドプードル … 20g
　 てんさい糖 … 20g

［ケーキ］

B 薄力粉 … 150g
　 アーモンドプードル … 100g
　 てんさい糖 … 50g
　 ベーキングパウダー … 小さじ2

C 植物性油 … 大さじ5
　 無調整豆乳 … 150mℓ

下準備

＊オーブンを180℃に予熱する。

＊型にオーブンシートを敷く。

＊杏は半分に割って、種を取り（P6）、
　皮つきのまま8等分のくし形に切る。

＊Bの薄力粉をふるう。

作り方

1　クランブルを作る。ボウルにAを入れ、植物性油を少しずつ加えながら、そぼろ状になるまで指先で油を全体に散らすように混ぜるⓐ。

2　別のボウルにBを入れてゴムべらで均一に混ぜる。

3　別のボウルにCを入れて泡立て器で混ぜる。

4　2のボウルに3を入れて、ゴムべらでさっくりと混ぜるⓑ。

5　型に4の生地を入れⓒ、杏をのせるⓓ。

6　1のクランブルを5の生地の全体にのせ ⓔ、180℃に予熱したオーブンで30分焼く。竹串を刺して何もついてこなければ完成。

杏のセミドライ

材料 作りやすい分量

杏 … 適量

杏の白ワインコンポートのシロップ（P31）… 適量

＊杏のスパイスシロップ漬けのシロップ（P32）、またはラム酒
　やコアントローなどの好みの酒でもよい。

下準備

＊オーブンを100℃に予熱する。
＊天板にオーブンシートを敷く。

作り方

1　杏は半分に割って種を取り（P6）、皮つきのまま4
　　等分のくし形に切る。

2　1の杏を天板に並べⓐ、100℃に予熱したオーブ
　　ンで1時間半焼く。

3　保存瓶に入れ、杏の白ワインコンポートのシロップ、
　　または好みの酒を加えるⓑ。

生の杏を100℃という低温でじっくり焼いて甘みを引き出します。そのままでもおいしいですが、杏の白ワインコンポートのシロップに漬けて保存することで、とろりとしたセミドライ杏になります。

フレッシュ杏のガレット

タイムの香りをつけた杏を包んだガレットです。サクサクしたガレットとジューシーな杏がよく合います。型を使わず、パパッと包んで手軽に作れます。ぜひ、熱々を召し上がってください。

材料 1台分

杏 … 450g（種を取った正味）

A 米粉 … 120g

 　アーモンドプードル … 50g

 　片栗粉 … 20g

 　てんさい糖 … 15g

 　塩 … ふたつまみ

B ココナッツオイル（においのしないもの）… 大さじ5

 　メープルシロップ … 大さじ3

 　無調整豆乳 … 大さじ3

C コーンスターチ … 大さじ1

 　タイム … 2枝

てんさいグラニュー糖 … 適量

下準備

＊オーブンを190℃に予熱する。

＊杏は半分に割って種を取り（P6）、皮つきのま
　ま8等分のくし形に切る。

作り方

1　ボウルにAを入れてゴムべらで均一に混ぜる。

2　別のボウルにBを入れて泡立て器でよく混ぜる。

3　1のボウルに2を入れて、ゴムべらでさっくりと混ぜる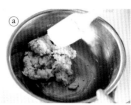。
　粉がまとまりにくいときは、豆乳少々（分量外）を足す。

4　ボウルの周りについた粉をふき取るようにしながら、手で
　ひとまとめにし、正方形に整える。

5　オーブンシートの上に4の生地をのせ、ラップをかぶせ、
　めん棒で5mm厚さの正方形に整える。

6　ボウルに杏を入れ、Cを加えて混ぜる。

7　5の生地の周りを5cmほど残して6の杏をのせる。

8　生地の縁を内側に折りたたむ。

9　生地の上にてんさいグラニュー糖をふり、190℃に予熱
　したオーブンで20～25分焼く。

杏のエナジーバー

材料 20×16cmのバット1個分

ドライ杏（市販品）… 150g
＊杏のセミドライ（P45）でもよい。

オートミール … 130g

A メープルシロップ … 大さじ3
│ ココナッツオイル … 100ml

B アーモンド … 50g
│ ひまわりの種 … 30g
│ かぼちゃの種 … 40g
│ ドライ杏（市販品）… 5個
＊杏のセミドライ（P45）でもよい。

下準備

＊オーブンを130℃に予熱する。
＊天板にオーブンシートを敷く。
＊ドライ杏150gはお湯につけてやわらかくする③。
＊バットにオーブンシートを敷く。

作り方

1　オートミールは天板にのせ、130℃に予熱したオーブンで15分ローストする。

2　お湯につけたドライ杏150gの水けをペーパータオルで取り、フードプロセッサーにAとともに入れて攪拌し、ペースト状にする⑥。

3　ボウルに1と2とBのドライ杏以外を入れ、ゴムべらで混ぜ合わせて、バットに敷き詰める。

4　Bのドライ杏を半分に切り、3の両端にのせ⑥。冷蔵庫で1〜2時間冷やす。包丁で10等分に切る。

ドライ杏には鉄分、カリウムが豊富です。そこに、食物繊維の多いオートミール、血行促進作用のあるビタミンEを含むひまわりの種、さらにビタミンKや鉄などを含むかぼちゃの種をぎゅっと固めて作りました。手軽に栄養補給ができるヘルシーなおやつです。

ⓐ

ⓑ

ⓒ

杏のココナッツボール

材料　約20個分

ドライ杏（市販品） … 30g
＊杏のセミドライ（P45）でもよい。

A 薄力粉 … 80g
　アーモンドプードル … 30g
　てんさい糖 … 15g
　ココナッツファイン … 10g
　塩 … ひとつまみ
植物性油 … 大さじ3
メープルシロップ … 大さじ1/2

下準備

＊オーブンを160℃に予熱する。
＊ドライ杏をお湯につけてやわらかくする。

作り方

1　ドライ杏を粗く刻んでペーパータオルで水けを取る。

2　ボウルにAを入れてゴムべらで均一に混ぜ、植物性油を加えてゴムべらで切るように混ぜる。

3　2のボウルに1とメープルシロップを加えて、手で生地をひとまとめにする。

4　3を10gずつに分割して丸め、160℃に予熱したオーブンで10分焼き、温度を150℃に下げてさらに10分焼く。温かいうちにてんさい糖（分量外）をまぶす。

口の中でホロホロと溶けていく、ひと口サイズのクッキーです。ドライ杏の甘酸っぱさとココナッツの香り、そしてメープルシロップの風味は、ベストなマッチングです。

豆乳ヨーグルトをベースに作る、
ヴィーガンスタイルのレアチーズケーキです。
白ワインの香る杏のコンポートで作るナパージュが
全体の味を引き締めます。
仕上げにタイムを散らすことで、ぐっと洗練された味わいに。

杏のレアチーズケーキ風

材料　直径15㎝の丸型1台分

A 杏の白ワインコンポート（P31）… 1個
│ 杏の白ワインコンポートのシロップ（P31）… 100㎖
豆乳ヨーグルト … 400g
B メープルシロップ … 大さじ2
│ レモン果汁 … 大さじ1
│ 粉寒天 … 小さじ1/2
C てんさい糖 … 40g
│ ココナッツオイル … 50㎖
│ 塩 … 小さじ1/4
アガー … 小さじ1/3
タイムの葉 … 2枝分

下準備

＊ボウルにざるを重ね、ペーパータオルをのせて、豆乳ヨーグルトを
　入れる。ひと晩おいて水きりし、半量（200g）にする。

＊型にオーブンシートを敷く。

作り方

1　小鍋にBを入れて火にかけ、沸騰したら弱火に
　し、ゴムべらで混ぜながら1分ほど火を入れる⒜。

2　ボウルに水きりした豆乳ヨーグルト、C、1を入れ、
　ハンドブレンダーで攪拌する⒝。

3　型に2の生地を入れ⒞、冷蔵庫で冷やし固める。
　一度室温に戻す。

4　Aをハンドブレンダーで攪拌して小鍋に入れる。ア
　ガーをふり入れてひと混ぜし、中火にかけて沸騰
　したら弱火にし、1分ほどゴムべらで混ぜる。

5　4をボウルに移し、底を冷水に当てて粗熱を取る
　⒟。3のケーキの上にのせ、全体に手早く広げ、
　上にタイムの葉を散らす。

　　＊このとき3のケーキが冷たいと4がすぐに固まってしまうため、
　　　3は室温に戻しておくとよい。

杏とココアのタルト

全粒粉を入れてサクサクの
食感に仕上げたタルト台に、
濃厚なココア風味のアーモンドクリーム、
白ワインのフルーティーな香りが立ち上る
杏のコンポートをのせました。
3つの味がほどよく合わさったタルトは、
手が止まらないおいしさです。

杏とココアのタルト

材料 直径18cmのタルト型1台分

杏の白ワインコンポート(P31) … 5個

A 薄力粉 … 100g
　全粒薄力粉 … 20g
　てんさい糖 … 10g

B 植物性油 … 50mℓ
　無調整豆乳 … 30mℓ

C アーモンドプードル … 100g
　薄力粉 … 30g
　ココアパウダー … 20g
　ベーキングパウダー … 小さじ1/3
　塩 … ひとつまみ

D 植物性油 … 大さじ2
　メープルシロップ … 大さじ3
　無調整豆乳 … 大さじ2

ピスタチオ … 適量

下準備

＊オーブンを180℃に予熱する。

作り方

1　ボウルにAを入れて、ゴムべらでひと混ぜする。

2　別のボウルにBを入れて泡立て器でよく混ぜる。1のボウルに入れて、ゴムべらでさっくりと混ぜるⓐ。

3　ボウルの周りについた粉をふき取るようにしながら、手でひとまとめにするⓑ。粉がまとまりにくいときは、豆乳少々(分量外)を足す。

4　3の生地をめん棒で型よりひと回り大きくのばすⓒ。

5　めん棒に生地をかけて型に敷きⓓ、めん棒を型の上で転がして縁の生地を切る。隙間ができないように指先を使って縁に生地を沿わせ、底にフォークで穴をあける。

6　ボウルにCを入れてゴムべらで均等に混ぜる。

7　別のボウルにDを入れて泡立て器でよく混ぜる。6のボウルに入れてゴムべらでよく混ぜるⓔ。

8　5に7を敷き詰め、杏の白ワインコンポートをのせ
ⓕ、180℃に予熱したオーブンで20〜25分焼く。ピスタチオをコンポートの上にのせ、粗熱が取れたら型からはずす。

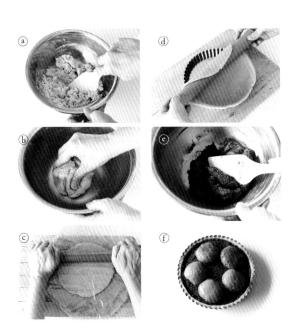

杏仁豆腐

手作りの杏仁豆腐のおいしさを
ぜひ味わっていただきたくご紹介します。
杏仁豆腐は杏の種の核の「杏仁」から作ります。
杏仁豆腐と杏のスパイスシロップ漬けとの相性は、
間違いなしの組み合わせです。

材料 2〜3人分

杏のスパイスシロップ漬け（P32）
　　… 好みの個数（トッピング用）
杏仁（杏の種の核）… 100g
水 … 400㎖
A メープルシロップ … 小さじ4
　　アガベシロップ … 小さじ4
　　粉寒天 … 小さじ3/4
無調整豆乳 … 100㎖

下準備

＊杏仁を水にひと晩浸す ⓐ。

作り方

1　杏仁をざるにあげて水をきり、
　ミキサーに入れる。水を入れ、
　種の粗さがなくなるまで攪拌す
　る。

2　1をさらしでこし ⓑ、しっかり絞
　る。

3　鍋に2と**A**を入れ、中火にか
　ける。沸騰したら弱火にし、1
　分ほど火を入れる。豆乳を加
　え、温まったら火からおろす。

4　3の鍋の中身をボウルに移し、
　底を冷水に当て、ゴムべらで
　混ぜながら冷ます。粗熱が取
　れたら容器に入れ、冷やし固
　める。器に適量盛り、杏のス
　パイスシロップ漬けをシロップと
　ともに添える。

子どもの頃、好きだった冷凍した「あんずボー」をイメージして作りました。濃厚な杏のエキスがギュギュッと詰まっています。子どもでも食べやすいよう、杏のスパイスシロップ漬け（P32）でスパイスを入れずに作る杏のシロップ漬けで作ります。

杏バー

材料 4本分

ドライ杏（市販品）… 2粒

A 杏のスパイスシロップ漬けの
　　シロップ（P32）… 200㎖
　＊スパイスは入れずに作る。

　　杏のスパイスシロップ漬け（P32）
　　… 1個
　＊スパイスは入れずに作る。

作り方

1　ドライ杏をお湯につけてやわらかくし、ペーパータオルで水けをふく。1.5㎝角に切る。

2　ミキサーにAを入れてなめらかになるまで攪拌する。

3　アイスキャンディー用の容器に1と2を入れてスティックを差し込み、冷凍庫で冷やし固める。

梅についてのあれこれ

梅の豆知識

梅はバラ科サクラ族の落葉高木です。中国の中南部が原産とされ、日本には奈良時代に日本に渡来したといわれています。弥生時代の遺跡から遺物が発見されたため、稲作が伝来した頃に伝わったという説もあります。日本最古の歌集『万葉集』には約4,500種の歌が収録されています。そのうち梅は桜の3倍にあたる約120首に歌われています。

梅の品種

梅には、鑑賞用の「花梅」と食用の「実梅」があります。実梅には「南高」「古城」「玉梅」「白加賀」「豊後」「鶯宿」「月世界」「甲州最小」などの品種があります。「南高」は皮が薄く実がやわらかいので梅酒や甘露煮に適しています。「古城」は硬い実とさわやかな香りが特徴で、梅酒や梅シロップに向いています。「白加賀」は皮が厚く実がしっかりしています。梅酒、梅ジャムなどによく合います。「豊後」は酸味が少ないのが特徴です。

梅の時季

梅の旬は6月上旬～7月下旬です。早いものだと5月下旬から店頭に並び始めます。

梅の生産地

梅の主な産地は、和歌山県、群馬県、福井県、青森県などです。収穫量第1位は和歌山県で全国の収穫量の58％を占めています（農林水産省HPより）。

梅の保存方法

生の梅はとても傷みやすく、室温ではすぐにカビが生えてしまいます。買ってきたらすぐに加工するのが一番ですが、それが叶わない場合は、保存袋に重ならないように入れて冷凍しましょう（P6参照）。青梅を追熟させて完熟梅にしたい場合は、傷のついた梅をよけて、ざるの上に重ならないように並べ、10℃前後の風通しのいい冷暗所においておきます。

梅の栄養について

梅の酸味成分にはクエン酸、リンゴ酸などが含まれています。食欲増進、疲労回復、肩こりの緩和、ガン予防、老化防止への働きかけが期待できます。ミネラルやカルシウム、鉄分も豊富なため、骨の強化や血行促進の作用もあります。

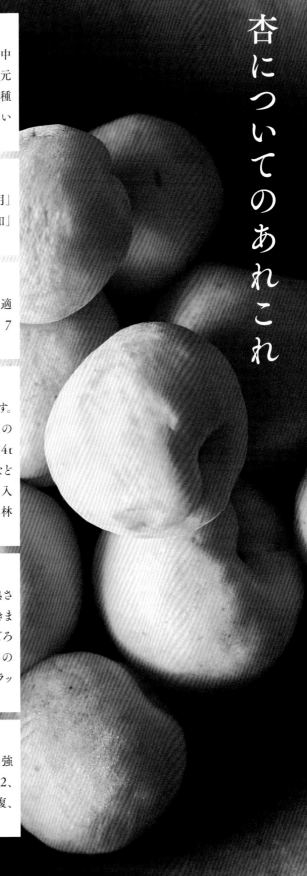

○ 杏の豆知識

杏は梅と同じバラ科サクラ族に分類されます。原産地は中国東部の山東省、山西省、河北省の山岳地帯で、紀元前4000年前から栽培されていたとされています。杏の種子の中にある白い実、杏仁（きょうにん）は古くから漢方生薬として用いられ、鎮咳、去痰、鎮痛、抗炎症の薬効があります。

○ 杏の品種

杏の品種には、ジャムに適した「平和」「信州大実」「信月」や、ジャムのほかシロップ漬けや砂糖漬けに適した「昭和」「信山丸」、生食に適した「ハーコット」などがあります。

○ 杏の時季

杏の旬は6月下旬〜7月下旬の1ヵ月ほどです。生食に適した「信月」「信山丸」「ハーコット」の旬はさらに短く、7月中旬〜7月下旬のわずか2週間ほどです。

○ 杏の生産地

杏はそのほとんどが青森県と長野県で栽培されています。収穫量第1位の青森県が全体の76％を占め、第2位の長野県が23％を占めています。2020年は全国で1,634tが収穫されています。缶詰めや瓶詰め製品、ドライ杏などの加工品は、アメリカ、トルコ、南アフリカなどからの輸入が多く、毎年1,200〜1,500tが輸入されています（農林水産省HPより）。

○ 杏の保存方法

熟していない杏は、風通しのよい冷暗所に置いて追熟させます。2〜3日ほどで全体が色づき、良い香りがしてきます。オレンジ色が濃くなり、少しやわらかくなれば食べごろです。シロップ漬けにする場合は、少しかたい状態のものを使います。熟した杏は、乾燥しないように保存袋やラップで包み、冷蔵庫に入れて保存しましょう。

○ 杏の栄養ついて

カロテンが豊富なので発ガン予防、老化防止、粘膜を強化し免疫機能をアップさせる作用があります。ビタミンB2、ビタミンC、クエン酸、リンゴ酸も含まれており、疲労回復、食欲増進、風邪の予防、便秘解消にも期待できます。

フランス菓子ベースの
エレガントな梅のお菓子
Elegant Ume Sweets

伝統的なフランス菓子で梅を使うことはありませんが、

強い酸味や加熱することで生まれる甘み、

そして少しのえぐみは、

フランス菓子ととても相性がいいんです。

フランス菓子のセオリーをベースにした梅のお菓子を

ぜひ楽しんでください。

梅のプレーンシロップ

青梅のエキスをグラニュー糖から抽出したプレーンシロップです。上白糖ではなくグラニュー糖で漬けることによって、スッキリとした味わいに仕上げています。

材料 作りやすい分量

＊1ℓの瓶を使用。

青梅（または完熟梅）… 400g

グラニュー糖 … 400g

下準備

＊梅を水につけてアク抜きをし、へたを取る。保存袋に並べて入れ、冷凍する（P6）。

＊保存瓶を消毒する（P7）。

作り方

1　保存瓶に冷凍した梅とグラニュー糖を交互に入れる。一番上はグラニュー糖にする ⓐ。

2　ふたをして冷暗所におく。朝と晩に瓶をゆすり10日〜2週間おく。途中、発酵してきたらふたをあけてガスを抜く。

保存期間

・冷暗所で約1年間保存可能です。

梅のカルダモン ジンジャーシロップ

青梅のプレーンシロップにカルダモンとジンジャーをプラスしました。キリッとしてスパイシーなシロップです。

材料 作りやすい分量

＊1ℓの瓶を使用。

完熟梅（または青梅）… 400g

グラニュー糖 … 400g

しょうがの薄切り… 5枚

カルダモン … 5粒

下準備

＊梅を水につけてアク抜きをし、へたを取る。保存袋に並べて入れ、冷凍する（P6）。

＊保存瓶を消毒する（P7）。

作り方

1　保存瓶に冷凍した梅とグラニュー糖を交互に入れる。途中でしょうがとカルダモンを差し込みながら、さらに梅とグラニュー糖を交互に入れていく。一番上はグラニュー糖にする ⓐ。

2　ふたをして冷暗所におく。朝と晩に瓶をゆすり10日〜2週間おく。途中、発酵してきたらふたをあけてガスを抜く。

保存期間

・冷暗所で約1年間保存可能です。

梅のはちみつ酒

青梅にははちみつとオレンジ風味のリキュール、コアントローを注いでじっくり寝かせます。フルーティーな梅酒の完成です。

材料 作りやすい分量
＊750mℓの瓶を使用。

青梅（または完熟梅）… 400g
はちみつ … 250g
コアントロー…150g

下準備
＊梅を水につけてアク抜きをし、へたを取る。保存袋に並べて入れ、冷凍する（P6）。
＊保存瓶を消毒する（P7）。

作り方

1 保存瓶に冷凍した梅を入れ、はちみつとコアントローを入れる（a）。

2 ふたをして冷暗所におく。朝と晩に瓶をゆすりながら10日〜2週間おく。途中、発酵してきたらふたをあけてガスを抜く。

（保存期間）
・冷暗所で約1年間保存可能です。

Arranged recipe

梅のエルダーフラワーシロップ

作り方

1ℓ容量の保存瓶に冷凍した梅500gを入れ、エルダーフラワーシロップ500gを入れる。ふたをして冷暗所におく。朝と晩に瓶をゆすり10日〜2週間おく。途中、発酵してきたらふたをあけてガスを抜く。

（保存期間）
・冷暗所で約1年間保存可能です。

漬けた梅をふっくらさせてお菓子に使う

シロップに漬けてしわしわになった梅は、シロップで煮含めることで、お菓子作りの材料として再利用することができます。もちろん、そのまま食べてもおいしいです。

材料 作りやすい分量
漬けた梅 … 300g
水 … 300g
グラニュー糖 … 180g

下準備
＊保存容器を消毒する（P7）。

（保存期間）
・冷蔵庫で約2週間保存可能です。冷凍庫ではシロップごと入れて約半年間保存可能です。

作り方

1 鍋に漬けた梅と水を入れ（梅が浸っている状態にする）a、弱火にかけ10〜15分煮る。ふっくらしない場合はさらに数分煮る。

2 1の鍋にグラニュー糖を入れて、さらに10分ほど、実がやわらかくなるまで弱火で煮る。火を止めてそのまま冷ます。

3 保存容器に2をシロップごと入れるb。

梅そのものをおいしくいただく甘露煮です。青々とした梅から、熟し始めてかすかに黄色くなった梅、芳醇な香りを放つ完熟梅など、あえて熟し加減の違う梅を一緒に煮ると、それぞれの香りやでき上がりの色の違いが楽しめます。

梅の甘露煮

材料 作りやすい分量

青梅（または完熟梅）… 300g

水 … 300g

グラニュー糖 … 250g

下準備

＊梅を水につけてアク抜きをし、へたを取る（P6）。完熟梅はアク抜きしなくてもよい。

＊保存瓶を消毒する（P7）。

（保存期間）

・冷蔵庫で約2週間保存可能です。冷凍庫ではシロップごと入れて約半年間保存可能です。

作り方

1 鍋に梅を入れ、ひたひたに水（分量外）を注ぎ、中火にかける。50℃程度になったら一度湯を捨てる（沸騰させると皮が破れるので注意する）。

2 1を3回繰り返す。

3 鍋に水、グラニュー糖の半量を入れて中火にかける。沸いたら弱火にし、ペーパータオルで落としぶたをして10分煮る。

4 ペーパータオルの上から残りのグラニュー糖をふり入れ、さらに10分煮る。火を止めてそのまま冷ます。

5 保存瓶に4をシロップごと入れる。

プレーンな梅ジャムと、カルダモンを入れた、スッキリとした味の梅ジャムをご紹介します。

グラニュー糖は梅の実の50%という最低限の分量なのでお好みで増やしてください。

なお、ジャムを煮る鍋は、酸で腐食しにくいホーロー製やステンレス製、土鍋、傷のないフッ素樹脂加工の鍋を使用してください。アルミ製はNGです。

UME

梅のプレーンジャムと
梅のカルダモンジャム

材料 作りやすい分量

青梅（または完熟梅）
　… 500g（種を取った正味）
グラニュー糖 … 250g
カルダモン … 2粒
＊梅のカルダモンジャムを作る場合。

下準備

＊梅を水につけてアク抜きをし、へたを取る（P6）。完熟梅は、アク抜きしなくてもよい。

保存期間

・ジャムの保存方法はP7参照。
・冷蔵庫で約1ヵ月間、冷凍庫で約半年間保存可能です。

作り方

1　鍋に梅を入れ、ひたひたに水を注ぎ、中火にかける。沸騰したら、梅がぐらぐらしない程度に火を弱める。梅が浮いてきたら、すぐに火を止める。

2　鍋に流水をやさしく注ぎ入れて冷ます。冷めたら水を捨てる。

3　1〜2を3回繰り返す。

4　ボウルに3の梅を移し、粗熱が取れたら調理用手袋をして果肉をつぶし、種を取り除く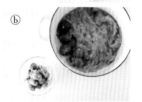。

5　4の果肉の分量を量り、その半量のグラニュー糖を混ぜる。1時間ほどそのままおく。

6　5を中火にかけて煮立ったらアクを取る。軽くとろみがつくまで時々混ぜながら煮詰める。

＊梅はペクチンが強く煮詰めすぎると固くなるので注意する。梅のカルダモンジャムを作る場合は、ここでカルダモンを入れる。煮沸消毒（P7）してすぐの保存瓶に、熱いジャムを入れる。

梅の香りの エディブルフラワーゼリー

梅のプレーンシロップを使ったゼリーに、
エディブルフラワーを閉じ込めた、かわいらしいお菓子です。
エディブルフラワーがなければ、
シンプルな梅ゼリーとしても楽しめます。

材料 縦20.8×横14.5×高さ4.4cmのバット1個分（800ml分）

板ゼラチン … 15g

A 梅のプレーンシロップ（P62） … 350g

　＊梅のカルダモンジンジャーシロップ（P62）でもよい。

　水 … 150g

（好みの）エディブルフラワー … 適量

＊ここでは、バジルの花、フェンネルの花、ミントの葉を使用。

下準備

＊板ゼラチンは氷水につけてふやかす。

作り方

1　鍋にAを入れて中火にかけ、60℃まで温める。

2　ゼラチンをぎゅっと絞って水けをきり、1に入れて混ぜて溶かす。

3　ボウルに2を移し、底を氷水に当ててゴムべらでゆっくりと混ぜながら軽くとろみがつくまで冷やすⓐ。

4　バットを水でさっとぬらし、3のゼリー液を流し入れる。エディブルフラワーを全体にバランスよく散らしⓑ、冷蔵庫に入れて冷やし固める。

5　4のゼリーとバットの間にスパチュラなどを差し込み、空気を入れて、まな板や皿の上にひっくり返してゼリーを取り出し、食べやすい大きさに切る。

梅のグラニテ

梅のプレーンシロップに、漬けておいた梅の実を混ぜたグラニテです。さっぱりとした味わいで、夏の冷凍庫に常備したいお菓子です。

材料 作りやすい分量

A 梅のプレーンシロップ（P62）… 200g

  ＊梅のカルダモンジンジャーシロップ（P62）でもよい。

  水 … 300g

梅のプレーンシロップの梅の実 … 3〜4個

（あれば）食用ローズマリーの花 … 適量

作り方

1 ボウルに**A**を入れてゴムべらでよく混ぜ、容器に入れる。

2 梅の実を粗く刻んで1の容器に入れ、混ぜる。

3 2を冷凍庫に入れて冷やし固める。2〜3時間ごとにスプーンやフォークでほぐして空気を含ませるⓐ。これを2〜3回繰り返す。

梅のパート・ド・フリュイ

材料　18cm四方の角型1台分

A 梅のピュレ（下記参照）… 180g
　| 水 … 180g
　| 水あめ … 30g

B グラニュー糖 … 20g
　| HMペクチン … 10g

C クエン酸 … 3g
　| 水 … 3g

グラニュー糖Ⓐ … 300g

グラニュー糖Ⓑ … 適量（まぶす用）

下準備

＊Bをよく混ぜ合わせる。

＊Cをよく混ぜ合わせてクエン酸を溶かす。

作り方

1　鍋にAとBを入れて泡立て器でよく混ぜる。

2　1を中火にかける。ふつふつしてきたらグラニュー糖Ⓐを3回に分けて入れ、ゴムべらなどで混ぜて溶かすⓐ。

3　2をさらに混ぜながら105℃になるまで煮詰める。煮詰め方が足りないと固まらないのでしっかりと火を通すこと。火を止めてCを加えて混ぜる。

4　3を手早く型に流し入れて表面を平らにし、そのまま冷ますⓑ。

5　4が固まったらナイフをぬらして3cm四方に切りⓒ、グラニュー糖Ⓑをまぶすⓓ。

（保存期間）

・冷暗所で約1週間〜10日間保存可能です。

［ 梅のピュレ ］

お菓子の材料としてたびたび登場する梅のピュレ。100〜200gくらいずつ、保存袋に入れて冷凍しておくと便利です。

材料　作りやすい分量

梅（または完熟梅）
　　… 400g（種を取った正味）

グラニュー糖 … 80g
　（梅の実の重さの20%）

下準備

＊梅を水につけてアク抜きし、へたを取る。保存袋に並べて入れ、冷凍する（P6）。

作り方

1　鍋に冷凍した梅を入れて水をひたひたに注ぎ、中火にかける。10〜20分加熱するⓐ。

2　梅の実が柔らかくなったら火を止め、ざるにあげて冷まし、種を取るⓑ。

3　2の梅の実の分量を量り、その20%の重量のグラニュー糖を用意する。

4　梅の実とグラニュー糖を混ぜてハンドブレンダーなどで攪拌し、なめらかにする。梅の皮が気になるようなら、ざるなどで裏ごしする。

（保存期間）

・冷凍庫で約6カ月間保存可能です。

梅の強い風味と酸味が楽しめる
少し大人っぽい味のパート・ド・フリュイです。
どことなく山形の郷土菓子
「のし梅」に似ています。

梅のチーズケーキ

梅のピュレを混ぜ込んだレアチーズケーキに、梅シロップで作ったゼリーを重ねました。土台にグラハムクッキー（全粒粉を混ぜて作られたもの）を使うことで、香ばしさとサクサクとした食感をプラスしたところもポイントです。

材料 直径12cmの丸型1台分

グラハムクッキー … 40g

バター（食塩不使用）… 25g

クリームチーズ … 100g

グラニュー糖 … 35g

生クリーム（乳脂肪分35％）… 60g

梅のピュレ（P68）… 100g

板ゼラチン … 3.5g

牛乳 … 20g

［梅シロップゼリー］

板ゼラチン … 3g

梅のエルダーフラワーシロップ（P63）
　… 100g

＊梅のプレーンシロップ（P62）、梅のカルダモンジンジャーシロップ（P62）、梅のはちみつ酒（P63）でもよい。

下準備

＊板ゼラチン3.5gは氷水につけてふやかす。

＊クリームチーズと梅のピュレを室温に戻す。

作り方

［土台を作る］

1　グラハムクッキーをポリ袋などに入れ、めん棒でたたいて細かく砕く@。

2　バターを湯煎か電子レンジにかけて（ふんわりとラップをして30秒ほど）溶かし、1と合わせてよく混ぜるⓑ。

3　型に2を入れ、スプーンの背でぎゅっと押しながら敷き詰めたらⓒ、冷蔵庫で冷やす。

［チーズケーキを作る］

4　ボウルにクリームチーズを入れてハンドミキサーで混ぜるⓓ。

5　4にグラニュー糖を入れてハンドミキサーで混ぜる。

6　5に生クリームを入れてハンドミキサーで混ぜる。

7　6に梅のピュレを2回に分けて入れ、ハンドミキサーで混ぜる。

8　耐熱容器に牛乳を入れ、電子レンジでラップをかけずに20秒ほど温め、板ゼラチンの水けをぎゅっと絞って入れて溶かす。溶けない場合はさらに数秒温める。

9　7に8を入れてハンドミキサーでよく混ぜる。

10　9の生地を3の型に入れて表面をゴムべらで平らにならしⓔ、冷蔵庫に入れて冷やし固める。

［梅シロップゼリーを作る］

11　板ゼラチン3gを氷水につけてふやかす。

12　小鍋にシロップを入れて弱めの中火にかけ、60℃まで温めたら火からおろす。11の板ゼラチンの水けをぎゅっと絞って入れ、混ぜ溶かす。

13　12をボウルに移して、底を氷水に当ててゴムべらで混ぜながら冷やす。10のチーズケーキの上にそっと流し入れⓕ、冷蔵庫に入れて冷やし固める。

梅とくろもじ茶のケイク

くろもじ茶は、くろもじという木の樹皮や葉をお茶にしたもので、フローラルで爽やかな香りにはリラックス作用があります。くろもじ茶がなければ、ほうじ茶や紅茶を使ってもいいでしょう。

材料 縦18×横7.5×高さ6.5cmのパウンド型1台分

梅の甘露煮（P64）… 80g（種を取った正味）
＊梅のプレーンジャム（P65）でもよい。

梅の甘露煮のシロップ（P64）… 30g
＊梅のプレーンシロップ（P62）でもよい。

くろもじ茶の茶葉 … 小さじ2（ミルで細かく挽く、またはすり鉢でする）
＊ほうじ茶や紅茶でもよい。

A 薄力粉 … 70g
   ┃ アーモンドプードル … 20g
   ┃ ベーキングパウダー … 2g
バター（食塩不使用）… 100g
グラニュー糖 … 70g
卵 … 80g

下準備

＊すべての材料を室温に戻す。
＊Aを合わせてふるう。
＊型にオーブンシートを敷く。
＊オーブンを180℃に予熱する。

作り方

1　梅の甘露煮は、種を取って80gにする@。

2　ボウルにバターを入れて木べらで練って柔らかくする。グラニュー糖を3回に分けて加え、その都度混ぜる。

3　2に卵を少しずつ入れながら木べらで混ぜる。Aを3回に分けて入れ、その都度混ぜる。茶葉を入れて混ぜるⓑ。

4　3の生地を絞り袋に入れ（口金は不要）、型に3分の2量絞り入れて、1の梅の甘露煮をのせる。端の部分にのせるとはみ出して焦げるので、周りを少しあけておくⓒ。

5　残りの生地を4の上に絞り入れて表面を平らにならす。

6　180℃に予熱したオーブンで40〜45分焼く。表面が焦げるようなら途中でアルミ箔をかぶせる。

7　焼き上がったら型からはずし、梅の甘露煮のシロップを全面に塗り、乾燥しないようにラップで包んで冷ます。

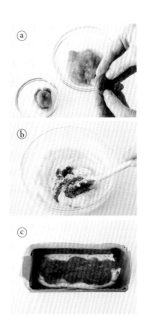

ⓐ
ⓑ
ⓒ

梅としょうがのフィナンシェ

しょうがの香りをきかせたアーモンドの生地に、甘酸っぱい梅ジャムをたっぷりのせて焼き上げました。しょうがが梅の甘みを引き締めてくれます。

Bonne Maman®

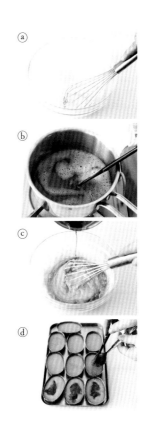

材料 長径7cmのオーバル型10個分

梅のカルダモンジャム（P65）… 70g
＊梅のプレーンジャム（P65）でもよい。

卵白 … 70g

はちみつ … 15g

グラニュー糖 … 70g

しょうがのすりおろし … 8g

A アーモンドプードル … 25g

薄力粉 … 35g

バター（食塩不使用）… 70g

下準備

＊すべての材料を室温に戻す。

＊Aを合わせてふるう。

＊型にバター（分量外）を塗って強力粉（分量外）をはたく。

＊オーブンを200℃に予熱する。

作り方

1　ボウルに卵白を入れて、泡立て器で白っぽくなるまで混ぜるⓐ。混ぜるだけで泡立てなくてもよい。

2　1のボウルにはちみつを入れて泡立て器で混ぜる。

3　2のボウルにグラニュー糖を3回に分けて加え、その都度泡立て器で混ぜる。

4　3にAを入れて泡立て器で混ぜ、しょうがを加えて混ぜる。

5　小鍋にバターを入れて中火にかけ、きつね色になるまで焦がすⓑ。すぐに鍋ごと水につけて余熱で焦げるのを防ぐ。

6　4に5を入れて泡立て器で混ぜるⓒ。

7　型に6の生地を入れて梅のカルダモンジャムを均等にのせるⓓ。

8　200℃に予熱したオーブンで10分焼く。天板を取り出して向きを変え、さらに5分、計15分焼く。

梅のバタークリームケーキ

どこか懐かしい味のするバタークリームケーキです。
甘露煮をつぶしたものをサンドすることで、
梅の濃厚な風味が際立ちます。
バタークリームは卵白を
合わせて軽やかに仕上げました。

材料

縦20.8×横14.5×高さ4.4cmのホーローバット1台分

梅の甘露煮（P64）… 60g（種を取った正味）

＊梅ジャム（P65。どちらか好みのもの）でもよい。

梅の甘露煮のシロップ（P64）… 40g

＊梅のプレーンシロップ（P62）でもよい。

卵 … 90g

グラニュー糖 … 65g

A 薄力粉 … 65g
｜ ベーキングパウダー … 1g

バター（食塩不使用）… 75g

［バタークリーム］

B 卵白 … 40g
｜ グラニュー糖 … 5g

C 水 … 25g
｜ グラニュー糖 … 80g

バター（食塩不使用）… 140g

［アイシング］

D 梅の甘露煮のシロップ（P64）… 15g
｜ 粉糖 … 30g

下準備

＊すべての材料を室温に戻す。

＊Aを合わせてふるう。

＊バットにオーブンシートを敷く。

＊オーブンを180℃に予熱する。

作り方

［バターケーキを作る］

1 ボウルに卵を入れてハンドミキサーで混ぜる。

2 1のボウルにグラニュー糖を3回に分けて入れ、もったりとするまで泡立てる@。

3 2にAを2回に分けて入れ、ゴムべらでさっくりと混ぜる⑥。

4 耐熱容器にバターを入れてふんわりラップをし、電子レンジにかけて1分ほど加熱して溶かす。50℃くらいになったら3に加えてゴムべらで混ぜる。

5 バットに4の生地を入れて©表面をゴムべらで平らにならし、180℃に予熱したオーブンで25〜30分焼く。バットからはずして冷ます。

6 冷めたら焼き面を削いで、半分に切る@。

［バタークリームを作る］

7 ボウルにBを入れて、ハンドミキサーで泡立てる。

8 小鍋にCを入れて混ぜ、弱めの中火にかける。115℃になったら©、7のボウルに少しずつ加えながらハンドミキサーで泡立てる。さらに、つやつやのしっかりとしたメレンゲになるまで泡立てる①。

9 8にバターを3回に分けて入れ、ハンドミキサーで混ぜる⑨。

［組み立て］

10 梅の甘露煮は、種をはずして実60gにする。

11 6のバターケーキの表面に梅の甘露煮のシロップをはけで塗る⑪。その上に9のバタークリームを100gずつ塗る。1枚のバターケーキに甘露煮をのせ①、もう1枚のバターケーキを重ねる。

12 11の上面に梅の甘露煮のシロップをはけで塗り①、その上に9のバタークリームを薄く塗る。冷蔵庫に入れて30分ほど冷やす。

［アイシングを作る］

13 Dをボウルに入れてゴムべらで混ぜる⑯。

14 ケーキクーラーの上に12のケーキをのせて、上面に13のアイシングをスパチュラで薄く塗って乾かす①。

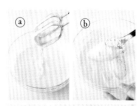

白いメレンゲと黄色いビスキュイ生地で作る
カーディナルシュニッテンは、
オーストリアの代表的なお菓子です。
シュニッテンは切り分ける、
カーディナルはローマ・カトリックの枢機卿という意味です。
黄色と白の縞模様は、
枢機卿の聖衣の色に似せたという説もあります。

梅ジャムのカーディナルシュニッテン

材料 約25×8cmのもの1個分

梅のプレーンジャム（P65）… 100g

［シャウムマッセ］（メレンゲ生地）

A 卵白 … 50g

│ 塩 … ひとつまみ

グラニュー糖 … 40g

コーンスターチ … 8g

［ビスクヴィートマッセ］（ビスキュイ生地）

B 卵黄 … 30g

│ 卵 … 45g

グラニュー糖 … 20g

薄力粉 … 25g

C 生クリーム（乳脂肪分45%）… 150g

│ グラニュー糖 … 20g

粉糖 … 適量

下準備

＊オーブンシートに25cm長さの線を4cm間隔で3本引く。もう1組同じように引く⒜。線を引いたオーブンシートを裏返して天板に敷く。

＊薄力粉をふるう。

＊オーブンを180℃に予熱する。

作り方

［シャウムマッセを作る］（メレンゲ生地）

1 ボウルにAを入れてハンドミキサーで混ぜる。

2 1のボウルにグラニュー糖を2回に分けて入れ、その都度ハンドミキサーでしっかりと角が立つまで泡立てる⒝。

3 2にコーンスターチを入れて、ゴムべらでさっくりと混ぜる。

4 口径1.2cmの丸口金をつけた絞り袋に3を入れる。オーブンシートの線上に絞り出す。その上にもう1段絞って2段にする⒞。

［ビスクヴィートマッセを作る］（ビスキュイ生地）

5 ボウルにBを入れてハンドミキサーで混ぜる。

6 5のボウルにグラニュー糖を入れてハンドミキサーでもったりするまで泡立てる。

7 6に薄力粉を入れてゴムべらでさっくりと混ぜる。

8 口径1.2cmの丸口金をつけた絞り袋に7を入れる。4のメレンゲ生地の間に、メレンゲ生地より少し低くなるように絞り出す⒟。

9 8の全体に粉糖を茶こしでふる⒠。180℃に予熱したオーブンで20分焼いて冷ます⒡。

［組み立て］

10 9の1枚のビスキュイ部分に紙をのせて覆い、メレンゲ生地部分に粉糖をふる⒢。

11 ボウルにCを入れ、底を氷水に当ててハンドミキサーで軽く角が立つまで泡立てる。

12 9のもう1枚の生地を平らな面が表になるように裏返して置き、11のクリームを塗る⒣。

13 12に梅ジャムをのせ⒤、10の生地をのせる。冷蔵庫に入れて冷やし、食べやすい大きさに切る。

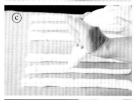

梅クリームは、梅のピュレを2回に分けて入れることで
梅の風味が飛ばないようにしました。
サクサクなタルト生地と、とろりとした梅クリーム、
さらに軽やかなメレンゲが重なり、3つの食感が楽しめます。

梅クリームのタルト

材料

直径7×高さ1.5cmのタルトリング6個分

［タルト生地］

A 薄力粉 … 80g

│ バター（食塩不使用） … 50g

│ 粉糖 … 30g

│ アーモンドプードル … 10g

卵 … 20g

［梅クリーム］

B 卵 … 50g

│ グラニュー糖 … 40g

梅のピュレ A（P68） … 70g

バター（食塩不使用） … 70g

梅のピュレ B（P68） … 20g

［イタリアンメレンゲ］

C 卵白 … 30g

│ グラニュー糖 … 5g

D 水 … 20g

│ グラニュー糖 … 60g

山椒の粉 … 適量

下準備

＊タルトリングの内側にバター（分量外）を塗って、強力粉（分量外）をはたく。

＊Aのバターは1cm角に切って冷凍庫で冷やす。

作り方

［タルト生地を作る］

1 フードプロセッサーにAを入れて、バターがさらさらになるまで攪拌する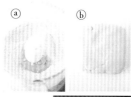。

2 1に卵を入れて生地がまとまるまで攪拌する。ラップに包んで冷蔵庫で1時間以上寝かせる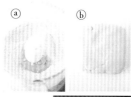。

3 2の生地をめん棒で厚さ3mmにのばし、タルトリングの大きさに抜き、底に敷き込む。

4 余った生地を1.5cmより少し幅広に切り、型の側面に沿わせ、はみ出した生地を切り取る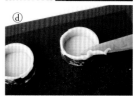。冷蔵庫で30分休ませる。

5 オーブンを180℃に予熱する。4にグラシンカップを敷き、タルトストーンをのせ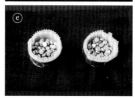、予熱したオーブンで20分焼く。タルトストーンをはずして冷ます。

［梅クリームを作る］

下準備

＊梅クリームの材料は室温に戻す。

＊バターは1cm角に切る。

6 鍋にBを入れて泡立て器で混ぜ、梅のピュレAを加えてさらに混ぜる。

7 6を中火にかけ泡立て器で混ぜながら80℃程度まで加熱してとろみをつける。

8 7を火からおろしてボウルに移し、底を氷水に当ててゴムべらで混ぜながら40℃程度に冷ます。

9 8のボウルにバターを入れて泡立て器でしっかりと混ぜる。

10 9に梅のピュレBを入れて、泡立て器でしっかりと混ぜる。

11 5のタルト1個につき10のクリームを35〜40g入れる。

［イタリアンメレンゲを作る］

12 ボウルにCを入れてハンドミキサーで泡立てる。

13 Dを小鍋に入れて火にかけ、混ぜながら115℃にする。

14 13のシロップを12に少しずつ入れながら、ハンドミキサーで泡立てる。さらに、つやつやのしっかりとしたメレンゲになるまで泡立てる。

［組み立て］

15 14のメレンゲをサントノーレ口金をつけた絞り袋に入れ、11の上に波状に絞り出す。

16 15をバーナーで軽くあぶり、山椒の粉をふりかける。

フランス菓子ベースの
エレガントな杏のお菓子
Elegant Apricot Sweets

旬の短い杏が手に入ったら、
まずはシロップ漬けやジャム、
セミドライやピュレにして旬の短い杏を
長く楽しめるようにします。
それから、生の杏をそのまま使ったお菓子や
ジャムやシロップ漬け、セミドライを使った
お菓子作りを楽しみます。
杏の時季は、大忙しです。

杏のシロップ漬け4種

杏をグラニュー糖のシロップに漬けただけの、一番簡単な杏のお菓子です。

そのままでおいしいのはもちろん、お菓子の材料としても使えます。

杏の風味がじわっと移ったシロップは炭酸水で割ったり、紅茶に入れたり、

ゼラチンでゼリーにしても楽しめます。

ここでは、定番のバニラ風味、すっきりとしたレモングラス風味、

オレンジの香りが魅力のコアントロー風味に

個性的なエルダーフラワー風味の4種のシロップ漬けをご紹介します。

杏のバニラシロップ漬け

材料 作りやすい分量
＊1ℓの瓶を使用。

杏 … 500g
A グラニュー糖 … 200g
│ 水 … 200g
バニラビーンズ … 3cm

ド準備

＊杏は半分に割って種を取る（P6）。
＊保存瓶を消毒する（P7）。

作り方

1　鍋に湯を沸かし、沸騰したら火を止めて杏を入れる@。5秒くらいおいたら杏をざるにあげ、ペーパータオルで水けをふき取る。

2　保存瓶に1の杏を皮を傷つけないように静かに詰める⑥。

3　バニラビーンズのさやに切り目を入れ種をかき出し©、保存瓶に種とさやを入れる。

4　鍋に**A**を入れて中火にかけ、ひと煮立ちさせてグラニュー糖を溶かす④。

5　3の保存瓶に4を熱いまま注ぎ入れ、すぐにふたを閉める©。冷暗所におく。途中、発酵してきたらふたをあけてガスを抜く。

杏のハーブ漬け

材料　作りやすい分量
＊1ℓの瓶を使用。

杏 … 500g
A レモングラス(生) … 15g
　┃ セージの葉(生) … 10枚
　┃ ミントの葉(生) … 10枚
グラニュー糖 … 200g
水 … 200g

作り方

1　「杏のバニラシロップ漬け」(P84)の下準備、作り方1、2と同じ。

2　鍋に**A**と水を入れてふたをし、弱火で5分煮て香りを出す@。

3　1の保存瓶に2のハーブを湯ごと静かに注ぎ入れ、すぐにふたを閉める。ふたをして冷暗所におく。途中、発酵してきたらふたをあけてガスを抜く。

杏のはちみつコアントロー漬け

材料　作りやすい分量
＊1ℓの瓶を使用。

杏 … 500g
はちみつ … 300g
コアントロー … 200g

作り方

1　「杏のバニラシロップ漬け」(P84)の下準備、作り方1、2と同じ。

2　保存瓶に1の杏を入れ、はちみつとコアントローを注ぎ入れる。すぐにふたをして冷暗所におく。途中、発酵してきたらふたをあけてガスを抜く。

杏のエルダーフラワーシロップ漬け

材料　作りやすい分量
＊1ℓの瓶を使用。
杏 … 500g
エルダーフラワーシロップ
　… 500g

作り方

1　「杏のバニラシロップ漬け」(P84)の下準備、作り方1、2と同じ。

2　保存瓶に1の杏を入れ、エルダーフラワーシロップを注ぎ入れる。すぐにふたをして冷暗所におく。途中、発酵してきたらふたをあけてガスを抜く。

(保存期間)　(共通)

・冷蔵庫で約半年間保存可能です。
・食べごろは約2日後からです。ただし杏のハーブ漬け(左記参照)の食べごろは、約1週間後からになります。

杏のコンフィ

杏の甘みと酸味がほどよく引き出され、ジューシーに仕上がったコンフィは、そのままつまんでも、ヨーグルトやアイスクリーム、あんみつなどに添えてもおいしいです。

材料 作りやすい分量
＊1ℓの瓶を使用。

杏 … 500g（種を取った正味）
グラニュー糖 … 500g

下準備

＊杏は半分に割って種を取る（P6）。
＊保存瓶をアルコール消毒する（P7）。

作り方

1　ボウルに杏を入れてグラニュー糖をまぶし、1時間ほどおいて水分を出す。時間をおきすぎると杏が変色してしまうので注意する。

2　鍋に1を入れてひと煮立ちさせたら火を止め、上からペーパータオルをかぶせる。そのままひと晩おいて、保存瓶に移す。

(保存期間)

・冷蔵庫で約半年間保存可能です。

杏のコンフィの
セミドライ

杏のコンフィを低温で2〜3時間焼くことで、ソフトなセミドライ杏になります。甘みも酸味も凝縮して濃厚に。お酒のお供にもぴったりです。

材料 作りやすい分量

杏のコンフィ（上記参照）
… 好みの分量

下準備

＊オーブンを100℃に予熱する。
＊天板にオーブンシートを敷く。

作り方

1　杏のコンフィの水けをペーパータオルで取る。

2　天板に1の杏を並べ、100℃に予熱したオーブンで2〜3時間焼いて乾燥させる。途中で2〜3回、菜箸かピンセットなどでひっくり返すⓐ。

3　2の杏を網にのせ、室内で数日間、好みの状態になるまで乾燥させ、保存容器に移す。

(保存期間)

・冷蔵庫で約2週間、冷凍庫で約1カ月間保存可能です。

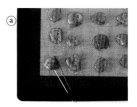

杏のバニラジャムと
杏とタイムのジャム

バニラ風味のスイートな杏のジャムと、少し大人っぽいタイムのジャムです。

杏の皮にはペクチンが豊富に含まれているので皮ごと使います。

レモン果汁を入れると酸味だけでなくとろみも強くなります。

加工用の酸味が強い杏を使う場合はレモン果汁は不要です。

ABRICOT

材料　作りやすい分量

杏 … 500g（種を取った正味）

グラニュー糖
　　… 200g（杏の実の重さの40％）

（好みで）レモン果汁 … 大さじ1

バニラビーンズ … 3cm

タイム … 3枝
＊杏とタイムのジャムを作る場合。

下準備

＊杏は半分に割って種を取る（P6）。

作り方

1　ボウルに杏を入れてグラニュー糖をまぶし、1時間ほどおいて水分を出す@。時間をおきすぎると杏が変色してしまうので注意する。

2　バニラビーンズのさやに切り目を入れ、種をかき出す。

3　鍋に1と2を入れて中火にかけ、時々潰しながらアクをすくうⓑ。焦がさないようにとろみがつくまで10分ほど煮詰める。火を止めて、好みでレモン果汁を入れる（タイムのジャムを作る場合は、ここでタイムを入れる）。煮沸消毒した熱い保存瓶にすぐジャムを入れる。

（保存期間）

・ジャムの保存方法はP7参照。

・冷蔵庫で約1ヵ月間、冷凍庫では約1年間保存可能です。

杏とタイムのジャムの
ショートブレッド

バターが香るベーシックな
ショートブレッドにタイムをミックスし、
杏とタイムのジャムを挟みました。
ほろほろとした口溶けのよさも特徴です。
ワンボウルで手軽に作れるのもうれしいところです。

材料　直径5cmの菊型20枚分（10組分）

バター（食塩不使用）… 100g

グラニュー糖 … 50g

塩 … 1g

A 薄力粉 … 170g
　｜ タイム（乾燥）… 小さじ1/2

杏とタイムのジャム（P80）… 適量

（あれば）タイムの葉と花（飾り用）… 適量

下準備

＊すべての材料を室温に戻す。

＊Aのタイムはミル、またはすり鉢で粉末状にする。

＊薄力粉をふるう。

＊天板にオーブンシートを敷く。

＊オーブンを180℃に予熱する。

作り方

1　ボウルにバターを入れて木べらで練って柔らかくする。
　　グラニュー糖を2回に分けて入れ、その都度混ぜる。塩
　　を加えてさらに混ぜる。

2　1のボウルにAを3回に分けて入れ、その都度木べらで
　　さっくりと混ぜる。最後はカードでまとめる。

3　2の生地をラップに包んで冷蔵庫で1時間寝かせる。

4　3をめん棒で厚さ5mmにのばし、型で抜く。

5　卵白（分量外）を4の中央に少し塗り、あればタイムの
　　葉をはりつける。

6　4を180℃に予熱したオーブンで20分焼く。冷めたら
　　ジャムを挟み、あればタイムの花を飾る。

材料　直径18×横7.5×高さ6.5cmのパウンド型1台分

杏 … 150g（種を取った正味）

卵 … 90g

グラニュー糖 … 90g

ギリシャヨーグルト … 90g

A 薄力粉 … 100g
｜ ベーキングパウダー … 2g

バター（食塩不使用）… 90g

強力粉 … 大さじ1

下準備

＊すべての材料を室温に戻す。

＊Aを合わせてふるう。

＊型にオーブンシートを敷く。

＊オーブンを180℃に予熱する。

＊杏は半分に割って種を取り（P6）、皮を
　むいてくし形に切る。グラニュー糖をまぶ
　して1時間ほどおいて水分を出す。

作り方

1　ボウルに卵を入れてハンドミキサーで混
　　ぜる。グラニュー糖を3回に分けて入れ、
　　その都度混ぜる。生地がハンドミキサー
　　からリボン状に落ちるくらいもったりすれば
　　OK ⓐ。

2　1のボウルにギリシャヨーグルトを加えてハ
　　ンドミキサーで混ぜる。

3　2にAを3回に分けて入れ、その都度ゴ
　　ムべらで混ぜる。

4　耐熱容器にバターを入れてふんわりラッ
　　プをし、電子レンジにかけて1分ほど加
　　熱して溶かす。50℃くらいになったら3に
　　加えてゴムべらで混ぜる。

5　ペーパータオルの上に杏を並べて水けを
　　きったら ⓑ、杏の2/3量に強力粉をまぶ
　　す ⓒ。型に4を1/3量入れて表面をなら
　　し、杏を1/3量並べる。さらに4を1/3量
　　入れて表面をならし、杏を1/3量並べる。

6　残りの生地を5の上に入れ表面をゴムべ
　　らでならし、残りの杏を並べる ⓓ。

7　180℃に予熱したオーブンで50分焼く。
　　粗熱が取れたら型からはずす。

フランス語でガトーはケーキ、
ヤウーはヨーグルトの意味です。
ボウルに材料を入れて混ぜるだけでできる、
さっぱりとしたヨーグルトケーキです。

フレッシュ杏のガトーヤウー

フレッシュ杏のアーモンドケーキ

杏をザクザク切って、ケーキ生地に混ぜるだけ。
思い立ったらすぐに作れる手軽なお菓子です。
杏とアーモンドは相性がいいので、
ケーキ生地にはアーモンドプードルと
アーモンドスライスをたっぷり配合しました。
加熱したフレッシュな杏からジュワッと出てくる果汁と
香ばしいアーモンドケーキをお楽しみください。

材料　直径17cmのマルグリット型1台分
＊直径15cmの丸型でもよい。

杏 … 120g（種を取った正味）

グラニュー糖 … 40g

アーモンドスライス … 60g

A　アーモンドプードル … 60g
│　粉糖 … 90g

卵 … 90g

B　薄力粉 … 25g
│　ベーキングパウダー … 2g

バター（食塩不使用） … 60g

アプリコットブランデー … 7g

下準備

＊すべての材料を室温に戻す。

＊Aを合わせてふるう。

＊Bを合わせてふるう。

＊型にバター（分量外）を塗って強力粉
（分量外）をはたく。

＊オーブンを180℃に予熱する。

＊杏は半分に割って種を取り（P6）、皮を
むいて1cm角に切る。グラニュー糖をまぶ
して1時間ほどおいて水分を出す。

作り方

1　180℃に予熱したオーブンでアーモン
ドスライスを10分焼いて冷ます。すぐ
にまたオーブンを180℃に予熱する。

2　ボウルにAを入れて、卵を3回に分
けて入れ、その都度ハンドミキサーで
混ぜる。生地がハンドミキサーからリ
ボン状に落ちるくらいもったりすれば
OK @。

3　2のボウルにBを入れてゴムべらで混
ぜる。

4　耐熱容器にバターを入れてふんわり
ラップをし、電子レンジにかけて30
秒ほど加熱して溶かす。50℃くらいに
なったら3に少しずつ加えてゴムべら
で混ぜる。

5　4にアプリコットブランデーを入れてゴ
ムべらで混ぜる。

6　5に1のアーモンドスライスを入れてゴ
ムべらで混ぜる。

7　ペーパータオルで杏の水けを取った
ら、強力粉大さじ1（分量外）をまぶ
す ⓑ。6に加えてゴムべらで混ぜる ⓒ。

8　型に7の生地を入れて ⓓ、180℃に
予熱したオーブンで45分焼く。焼き
上がったら型からはずして冷ます。

ワンボウルでできる、スパイスたっぷりのケイクです。甘みと酸味が凝縮されたセミドライの杏と、さっぱりとした味のグリーンレーズンをミックス。お酒が苦手な方やお子さん用には、杏のバニラシロップ漬け（P84）のシロップを使ってください。

杏とグリーンレーズンのスパイスケイク

材料

縦18×横7.5×高さ6.5cmのパウンド型1台分

杏のセミドライ（P86） … 200g
＊市販のドライ杏でもよい。

グリーンレーズン … 50g

アプリコットブランデー[a] … 30g

バター（食塩不使用） … 90g

グラニュー糖 … 80g

A 卵黄 … 15g
| 卵 … 55g

B 強力粉 … 35g
| コーンスターチ … 40g
| ベーキングパウダー … 2g
| シナモンパウダー … 小さじ1
| カルダモンパウダー … 小さじ1/2

［シロップ］
| グラニュー糖 … 15g
| 水 … 20g

アプリコットブランデー[b] … 15g

杏のジャム（p87。どちらかか好みのもの）
 … 30g

下準備

＊すべての材料を室温に戻す。

＊グリーンレーズンを熱湯につけてさっと洗い、ペーパータオルで水けを取る。

＊杏とレーズンをキッチンばさみで5mm角に切る[a]。容器に入れてアプリコットブランデー[a]をふり入れ、3時間以上おく。

＊型にオーブンシートを敷く。

＊オーブンを180℃に予熱する。

作り方

1 ボウルにバターを入れ、木べらで練って柔らかくする。グラニュー糖を3回に分けて入れ、その都度混ぜる。

2 1のボウルに混ぜ合わせたAを少しずつ入れながら、木べらで混ぜる。

3 Bを合わせてふるったら、2のボウルに3回に分けて入れ、その都度木べらで混ぜる。

4 3にアプリコットブランデー[a]に漬けておいた杏とレーズンを3回に分けて入れ、その都度木べらで混ぜる。

5 型に4の生地を入れて中央をゴムべらでへこませる[b]。180℃に予熱したオーブンで50〜60分焼く。表面が焦げるようなら途中でアルミ箔をかぶせる。

6 シロップを作る。グラニュー糖と水を耐熱容器に入れてふんわりラップをし、電子レンジにかけて20秒ほど加熱してグラニュー糖を溶かす。冷めたらアプリコットブランデー[b]を加えて混ぜる。

7 焼き上がったら5を型からはずし、6のシロップをはけで全面に塗る。

8 杏のジャムを裏ごしし[c]、耐熱容器に入れ、電子レンジで30秒ほど加熱して軽く水分を飛ばす。7の全体に薄く塗って乾かす。

アーモンドプードルを
たっぷり使ったリッチなタルトに、
フレッシュな杏をキャラメリゼしてゼラチンで固めた
杏キャラメルを重ねました。
ほろ苦さをまとったぷるんとした杏と、
サクサクで香ばしいタルトは
抜群の組み合わせです。
食感を残すために
杏は固めのものを使ってください。

杏のキャラメルタルト

杏とラベンダーのショートケーキ

ラベンダーと杏はお気に入りの組み合わせです。
ジェノワーズにドライラベンダーを混ぜ込み、
フレッシュな杏をたっぷり挟みました。
仕上げにアプリコットブランデーを
しっかり塗るところがポイントです。
お酒が苦手な方やお子さん用には、
杏のバニラシロップ漬け（P84）のシロップを使ってください。

杏のキャラメルタルト

材 料

直径16×高さ2cmのタルトリング1台と直径15cmの丸型1台分

［タルト生地］

A 薄力粉 … 80g

  バター（食塩不使用）… 50g

  粉糖 … 30g

  アーモンドプードル … 10g

卵 … 20g

［アーモンドクリーム］

バター（食塩不使用）… 40g

グラニュー糖 … 40g

アーモンドプードル … 40g

卵 … 40g

（あれば）アプリコットブランデー … 5g

［杏キャラメル］

杏（固めのもの。種を取った正味）… 300g

板ゼラチン … 4g

B はちみつ … 30g

  バター（食塩不使用）… 15g

C グラニュー糖 … 70g

  水 … 小さじ1

生クリーム（乳脂肪分35%）… 30g

杏のジャム（P87。どちらか好みのもの）… 適量

（あれば）レモンバーベナ … 1枝

作り方

［タルト生地を作る］

下準備

* Aのバターは1cm角に切って冷凍庫で冷やす。

* タルトリングの内側にバター（分量外）を塗って、強力粉（分量外）をはたく。

* 天板にオーブンシート（あればシルパン）を敷く。

* 作り方1〜4の手順写真は、梅クリームのタルト（P80）のⓐ〜ⓓを参照してください。

1 フードプロセッサーにAを入れて、バターがさらさらになるまで撹拌する。

2 1に卵を入れて生地がまとまるまで撹拌する。ラップに包んで冷蔵庫で1時間以上寝かせる。

3 2の生地をめん棒で厚さ3mmにのばし、タルトリングの大きさに抜き、底に敷き込む。

4 余った生地を2cmより少し幅広に切り、型の側面に沿わせ、はみ出した生地を切り取る。冷蔵庫で30分休ませる。

5 オーブンを180℃に予熱する。天板に4を置き、ふちをアルミ箔で覆い、予熱したオーブンで20分焼く。アルミ箔をはずして冷ます。

［アーモンドクリームを作る］

下準備

＊すべての材料を室温に戻す。

6　ボウルにバターを入れて木べらで練って柔らかくする。グラニュー糖を3回に分けて加え、その都度混ぜる。

7　6のボウルに卵を少しずつ入れ、その都度木べらで混ぜる。アーモンドプードルをふり入れて混ぜ、あればアプリコットブランデーを加えてよく混ぜる。

8　7をラップに包んで冷蔵庫で1時間以上寝かせる。

9　オーブンを180℃に予熱する。5のから焼きしたタルト台に8のアーモンドクリームを入れてゴムべらで平らにならし、予熱したオーブンで20分焼く。粗熱が取れたら型からはずして冷ます。

［杏キャラメルを作る］

下準備

＊板ゼラチンは氷水でふやかす。

10　杏は半分に割って種を取り（P6）、皮をむいて2cm角に切る。

11　鍋にBを入れて中火にかける。バターが溶けたら10の杏を入れて、3分ほど弱めの中火で火を通す。杏をざるにあげて汁けをきる⒜。

12　小鍋に生クリームを入れて人肌程度に温める。フライパンにCを入れて、中火にかけ、きつね色に焦がす⒝。火を止めてすぐに温めた生クリームを加えて⒞混ぜる。はねるのでやけどに注意する。

13　12に11の杏を加えて⒟木べらで混ぜ、ボウルに移して60℃になったら、ゼラチンをぎゅっと絞って水けをきって加える。ボウルの底を氷水に当ててゴムべらで混ぜながら冷ます⒠。

14　丸型に13を入れて⒡、冷蔵庫に入れて1時間ほど冷やし固める。

［組み立て］

15　冷ました9のタルトの表面に杏のジャムを塗る⒢。

16　15に14の杏キャラメルをのせ⒣、あればレモンバーベナを飾る。

杏とラベンダーの
ショートケーキ

材料 　直径15cmの丸型1台分

杏 … 3〜4個

グラニュー糖 … 適量

[ジェノワーズ]

ドライラベンダー … 小さじ1

A 薄力粉 … 60g

| ベーキングパウダー … 2g

卵 … 120g

はちみつ … 10g

グラニュー糖 … 60g

B 牛乳 … 10g

| バター（食塩不使用）… 10g

バニラオイル … 1〜2滴

[ホイップクリーム]

C 生クリーム（乳脂肪分42％）… 200g

| グラニュー糖 … 20g

[シロップ]

D 水 … 20g

| グラニュー糖 … 10g

アプリコットブランデー … 5g

（あれば）ラベンダー（飾り用）… 1枝

下準備

＊すべての材料を室温に戻す。

＊ドライラベンダーはミル、またはすり鉢で粉末状にし、Aと合わせてふるう。

＊型にオーブンシートを敷く。

＊オーブンを180℃に予熱する。

＊杏は半分に割って種を取り（P6）、皮つきのままくし形に切る。グラニュー糖をまぶして1時間ほどおいて水分を出すⓐ。

作り方

[ジェノワーズを作る]

1　ボウルに卵を入れてハンドミキサーで混ぜる。はちみつを加えてさらに混ぜる。

2　ハンドミキサーを高速にし、グラニュー糖を3回に分けて入れ、その都度泡立てる。途中、バニラオイルを加える。生地がハンドミキサーからリボン状に落ちるくらいもったりすればOKⓑ。

3　ハンドミキサーを低速にし、さらに2分ほど混ぜて生地のきめを整える。

4　3のボウルにAとドライラベンダーを3回に分けて入れて、その都度ゴムべらでさっくりと混ぜる。

5　Bを耐熱容器に入れてふんわりラップをし、電子レンジにかけて20秒ほど加熱してバターを溶かす。

6　5に4を大さじ1程度入れてゴムべらで混ぜたら、4に入れて混ぜ合わせる。

7　型に6の生地を低い位置からゆっくりと入れる。型を10cm程度の高さから1〜2回落とし、竹串で生地を10回ほどゆっくりと混ぜて空気を抜く。

8 180℃に予熱したオーブンで30〜35分焼く。粗熱が取れたら型からはずし、ケーキクーラーの上に天地を逆さにしてのせ、乾燥しないようにラップをかけて半日〜1日冷暗所で寝かせる。

9 冷めたら焼き面を削いで、厚みを半分に切る。

［ホイップクリームを作る］

10 ボウルにCを入れて、ボウルの底を氷水に当てながらハンドミキサーで泡立てる。

［シロップを作る］

11 Dを耐熱容器に入れてふんわりラップをし、電子レンジにかけて20秒ほど加熱してグラニュー糖を溶かす。冷めたらアプリコットブランデーを加えて混ぜる。

［組み立て］

12 1枚のジェノワーズの表面に11のシロップをはけで塗り、10のホイップクリームをスパチュラで塗るⓒ。

13 杏の水けをペーパータオルでとりⓓ、12の上に写真のように並べるⓔ。さらにホイップクリームをスパチュラで塗るⓕ。

14 もう1枚のジェノワーズの中面にシロップをはけで塗り、13の上にのせる。上面にも11のシロップを塗る。

15 ホイップクリームをスパチュラで全体に塗るⓖ。

16 ホイップクリームを口径1cmの丸口金をつけた絞り袋に入れ、上面に大小ランダムに絞るⓗ。上面に残りの杏をランダムにのせ、あればラベンダーを飾る。

杏とライムのムース

パティスリーのショーケースに並んでいるような
本格的なお菓子をおうちでも。
杏のゼリーと杏のムースに、
ライムのゼリーを重ねた
華やかなムースケーキです。
杏の甘みとちょっとの酸味、
ライムの爽やかな香りが
交互に口に広がる贅沢な一品です。

杏とライムのムース

材料 縦18×横7×高さ5cmの底のない長方形型1台分

[ライムゼリー]

ライムの皮 … 1/2個分

A ライム果汁 … 30g
  水 … 70g
  グラニュー糖 … 30g

板ゼラチン … 3g

[杏のムース]

板ゼラチン … 4g

B グラニュー糖 … 10g
  水 … 20g

ビスキュイ（市販品） … 150g

C 杏のピュレ（P103） … 150g
  グラニュー糖 … 40g

アプリコットブランデー … 5g

生クリーム（乳脂肪分35%） … 60g

[杏ゼリー]

D 杏のピュレ（P103） … 40g
  水 … 40g
  グラニュー糖 … 10g

板ゼラチン … 2g

（あれば好みの）エディブルフラワー … 2本
*ここではフェンネルの花を使用。

作り方

[ライムゼリーを作る]

下準備

＊板ゼラチンは氷水でふやかす。

＊型の底にラップをかけて底を作りⓐ、バットの上に置く。

1　ライムの皮をゼスタークレーターで削るⓑ。

2　小鍋にAを入れて火にかけたら、60℃まで温め、板ゼラチンをぎゅっと絞って水けをきって入れ、よく混ぜて溶かす。

3　ボウルに2を入れ、ボウルの底を氷水に当ててゴムべらで混ぜながら冷やす。少しとろみがついたら、1のライムの皮を入れて混ぜⓒ、型に流し入れる。冷凍庫に入れて冷やし固める。

　＊ライムの皮の色が悪くならないように、また全体に散らすために、とろみがついてから混ぜてください。

4　3のゼリーが固まったら型からはずす。

[杏のムースを作る]

下準備

＊板ゼラチンは氷水でふやかす。

＊型の底にラップをかけて底を作り、バットの上に置く。

＊生クリームを八分立てにする。

5　耐熱容器にBを入れて混ぜ、電子レンジに20秒かけてグラニュー糖を溶かす。冷めたらアプリコットブランデーを加えて混ぜる。

6　ビスキュイの上面を削ぎ取って、薄くし、6cmの長さに切るⓓ。

7　完成時に横から見えないように、型の両端を少しあけて6を入れ、はけで5を塗るⓔ。

8　小鍋にCを入れて、火にかけて60℃まで温める。板ゼラチンをぎゅっと絞って水けをきって入れ、よく混ぜて溶かす。

9　ボウルに8を移して、底を氷水に当ててゴムべらで混ぜながら20℃まで冷やす。

10　生クリームを八分立てにしⓕ、9のボウルに入れて泡立て器で混ぜる。

11　7の型に10の杏のムースを半量を入れる。その上に4のライムゼリーをのせる。

12　11に残りの杏のムースを入れてⓖ表面を平らにし、冷蔵庫に入れて冷やし固める。

[杏ゼリーを作る]

下準備

＊板ゼラチンは氷水でふやかす。

13　小鍋に**D**を入れて火にかけ、60℃まで温める。板ゼラチンをぎゅっと絞って水けをきって入れ、よく混ぜて溶かす。

14　ボウルに13を入れて、底を氷水に当ててゴムべらで混ぜながら冷やす。

15　14を12のムースの上に流し入れ、冷蔵庫に入れて冷やし固める。

（保存期間）

・保存容器に入れて冷凍庫で約1週間保存可能です。
・食べるときは冷蔵庫で解凍する。

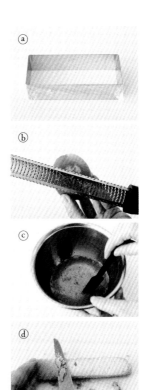

［ 杏のピュレ ］

材料　作りやすい分量

杏 … 500g（種を取った正味）

グラニュー糖 … 100g（杏の実の重さの20％）

下準備

＊杏は半分に割って種を取る（P6）。

作り方

1　ボウルに杏を入れてグラニュー糖をまぶし、1時間ほどおいて水分を出す。時間をおきすぎると杏が変色してしまうので注意する。

2　鍋に1を入れて中火にかけ、アクをすくう。杏が柔らかくなったら火を止め、粗熱がとれるまでおき、ボウルに移す。

3　2の杏をハンドブレンダーでなめらかにする。皮が気になる場合は、こし器でこす。

杏のピュレはいろいろなお菓子の材料に使えます。100〜200gくらいずつ保存袋に入れて冷凍しておきましょう。

（保存期間）

・冷凍庫で約6か月間保存可能です。

杏のサバイヨン

イタリアが起源の卵黄とお酒で作るクリーム、サバイヨン。名前を聞いたことはあるけれど、食べたことはないという方もいらっしゃるかもしれません。ここでは、白ワイン風味のとろとろのクリームに杏のコンポートを落としました。材料もシンプルで10分で作れます。時間がたつとサバイヨンクリームが分離してくるので、作ったらすぐに食べましょう。

材料　2人分

杏のバニラシロップ漬け（P84）
　　　… 適量
＊杏のハーブ漬け（P85）、杏のはちみつコアントロー漬け（P85）、杏のエルダーフラワーシロップ漬け（P85）でもよい。

A 卵黄 … 80g
　　グラニュー糖 … 50g
白ワイン … 50g
（あれば）レモンの皮のすりおろし
　　　… 適量

作り方

1　ボウルにAを入れて泡立て器で混ぜる。

2　1に白ワインを入れて泡立て器で混ぜる。

3　2を60℃ほどの温度で湯煎にかけて泡立て器で混ぜるⓐ。お湯が65℃以上になると卵黄が固まるので注意する。

4　3を湯煎からはずし、ハンドミキサーでもったりとするまで泡立てるⓑ。

5　グラスに4のサバイヨンクリームを入れて杏のバニラシロップ漬けをのせ、あればレモンゼストを散らす。

杏のミルクジェラート

アイスクリームメーカーなしで作れる
ミルキーなジェラートです。
まろやかなミルクアイスと、
酸味の強い杏がよく合います。
生クリームは乳脂肪分の高いものを
おすすめしますが、さっぱりしたタイプが好きな方は
乳脂肪分35％のものを使ってもいいでしょう。

材 料　50mℓのディッシャー約10個分

杏のバニラシロップ漬け（P84）
　　…150g

A 生クリーム（乳脂肪分45％）
　│　…100g
　│ グラニュー糖 …40g

牛乳 …200g

下 準 備

＊杏のバニラシロップ漬け（P84）の水
　けをキッチンペーパーでふき取る。

作り方

1　ボウルに**A**を入れて泡立て器でとろみ
　がつくまで軽く泡立てる。

2　1に牛乳を入れて泡立て器で混ぜる。

3　保存容器に2を入れて、冷凍庫に入
　れて冷やし固める。2〜3時間ごとに
　スプーンやフォークでほぐして空気を含
　ませる。これを3回繰り返す。

4　3に杏のバニラシロップ漬けを加えて、
　ざっくりと混ぜる@。

梅と杏のナチュラルスイーツ

この二つの章の焼き菓子には薄力粉と全粒粉、米粉を使っています。薄力粉は、スーパーで手に入る一般的な薄力粉や全粒粉でも作れますが、米粉はできるだけ指定のものを使ってください。甘味料はてんさい糖とメープルシロップをメインに使っています。

ファリーヌ（薄力粉）

江別製粉の、北海道産100%のお菓子用薄力粉です。ふわっと軽く仕上がるのが特徴です。

菓子用全粒粉（薄力粉）

薄力小麦をまるごと挽いた全粒粉です。小麦の香ばしさとほのかな酸味、コクがあります。

製菓用米粉

新潟県産のうるち米を粉末にしたもので、小麦粉のように洋菓子作りに使えます。スポンジケーキなどを作ったとき、気泡をつぶさないよう細かく製粉されているのが特徴です。

植物性油（米油）

植物油を推奨していますが、私は木徳神糧の米油「こめしぼり」を使っています。国産米ぬかを原料とした油で、くせがなく、軽やかに仕上がります。

ベーキングパウダー

膨張剤はラムフォードのベーキングパウダーを使っています。アルミニウム（ミョウバン）フリーなのが特徴です。

てんさい糖（ビート糖）

北海道のビート（てんさい）を原料とした甘味料です。くせがなくスッキリとした味わいと、粉末状で溶けやすいところが気に入って使っています。お菓子やパン作りのほか、料理にも使えます。摂取後の血糖値の上昇割合が低いことからヘルシーな甘味料として注目されています。

アガベシロップ

「杏仁豆腐」（P55）にバイオアクティブジャパンの「オーガニックアガベシロップ」を使いました。アガベシロップはブルーアガベ（リュウゼツラン）から採取したエキスで天然の無添加甘味料です。てんさい糖と同じく、血糖値の上昇割合が低いことからヘルシーな甘味料として注目されています。さらりとした甘さが好きで、個人的によく使っています。

メープルシロップ

カナダのデカセール社の「メープルシロップ」です。添加物不使用の純度100%。グレードはA。日本人好みのアンバーリッチテイストの品質です。風味とコクのバランスがよく、気に入っています。

甘酒

「梅と甘酒のゼリー」（P24）、「梅の甘酒アイス」（P27）に使いました。甘酒の味で味も変わるので好みのものを選んでください。私は、コクとまろやかな甘みのバランスが好きで、マルクラ純正食品の「玄米こうじあま酒」を使っています。

皮なしアーモンドプードル

アーモンドパウダーともいいます。コクを出し、しっとり仕上げるため焼き菓子によく使っています。焼き菓子の決め手といってもいい素材です。

バニラビーンズ

ラン科の植物のひとつで、さや状の果実。さやから種を取り出して香りづけに使います。代替品として、成分を抽出し香りづけしたバニラオイルやバニラエッセンスがあります。

エクリチュール（薄力粉）

フランス菓子の味を実現しようとフランス産小麦粉を100%使用して開発された、中力粉に近い薄力粉です。粒子が粗くサラサラしてダマになりにくいのが特徴。焼き上げるとホロホロと優しく崩れる食感で焼き菓子にぴったり。この章では「梅クリームのタルト」（P80）、「杏とタイムのジャムのショートブレッド」（P88）、「杏のキャラメルタルト」（P94）に使っていますが、ほかの薄力粉でも作れます。

ドルチェ（国産薄力粉）

北海道産小麦100%の菓子用薄力粉です。ふんわり仕上がりつつも、薄力粉にしてはたんぱく質量が多いため、口当たりが軽くなりすぎず、しっとり仕上がるのが特徴です。小麦粉の香ばしい風味が強いのも魅力的。エクリチュール以外はこの薄力粉を使っています。

アーモンドプードル

アーモンドパウダーともいいます。アーモンドを粉末状にしたもので、しっとりさせたり、コクを出したり、少し香ばしさを出したいときに使います。「梅とくろもじ茶のケイク」（P72）、「梅としょうがのフィナンシェ」（P74）、「フレッシュ杏のガトーヤウー」（P89）、「フレッシュ杏のアーモンドケーキ」（P90）に使っています。

微粒子グラニュー糖

エレガントなお菓子に使う砂糖は、すっきりした甘さが気に入っているのでほとんどが微粒子グラニュー糖です。もちろん上白糖でもかまいませんが、ややこっくりとした甘さに仕上がり、焼き色も少し濃くなります。

ビスキュイ

「杏とライムのムース」（P100）の土台に使用したフィンガービスケットです。お好みのもので構いませんが、本書では、フランスのビスケット会社バンビーニの「ピエールビスキュイットリー」を使用しました。輸入食品店やネットショップなどで購入可能です。

アプリコットブランデー

製菓用洋酒メーカー・ドーバーのアプリコットのお酒。フランス産のアプリコット酒をベースにしたフルーティなブランデーです。「杏のアーモンドケーキ」（P90）、「杏とグリーンレーズンスパイスケイク」（P92）、「杏とラベンダーのショートケーキ」（P98）、「杏とライムのムース」（P102）に使用しました。

コアントロー

「杏のはちみつコアントロー漬け」（P83）、「梅のはちみつ酒」（P63）には、レミーコアントロージャパンのコアントローを使用しました。フランス産のプレミアムオレンジキュールです。オレンジピール、アルコール、水、砂糖の4つの材料だけから造られ、香料や着色料などの添加物は一切使用されていません。

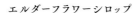

エルダーフラワーシロップ

エルダーフラワー（和名は西洋ニワトコ）、のエキスをベースにしたシロップで、一般的には炭酸水や白ワインで割って飲みます。欧米では花粉症の症状緩和作用のあるハーブシロップとして親しまれています。本書では「梅のチーズケーキ」（P70）の梅シロップゼリーに使用して、ほのかに花の香りをプラスしました。輸入食品店やネットショップなどで購入可能です。

エディブルフラワー

エディブルフラワーは食用花。「梅の香りのエディブルフラワーゼリー」（P66）に散らして使いました。「梅のグラニテ」（P67）や「杏とライムのムース」（P100）などにも添えています。花そのものに強い味はないので、花の種類は問いません。そのとき手に入るもので楽しんでください。本書で使用したエディブルフラワーは、無農薬ハーブを生産している「かながわハーブナーセリー」のものです。HP:kanaherb.web.fc2.com

この本で使った基本の道具

計量スプーン

大さじ（15mℓ）、小さじ（5mℓ）の
ふたつがあれば大丈夫です。

ボウル

ひとつのお菓子の中で粉を混ぜる
作業と液体を混ぜる作業が出てきま
すのでふたつあると便利です。

電子スケール

分量をより正確に量れるので、でき
れば電子スケールを用意しましょう。

フードプロセッサー

「梅のクリームタルト」（P80）、「杏
のキャラメルタルト」（P94）のタルト
生地を混ぜるのに使用。手で混
ぜるよりも早く正確に混ぜられるの
でおすすめです。お菓子作りがぐっ
と楽に身近になります。

泡立て器

「梅と杏のナチュラルスイーツ」で
は、粉類を混ぜるとき、または粉
類と液体を混ぜるときに使います。
「エレガントな梅と杏のお菓子」
では主に生クリームを泡立てるとき
に使います。

ハンドミキサー

「エレガントな梅と杏のお菓子」で
卵や生クリームをしっかり泡立てると
きに使います。手で泡立てることも
できますが、あると便利ですし、お
菓子作りのハードルがぐっと下がりま
す。「いちごのナチュラルスイーツ」
では使いません。

ハンドブレンダー

豆腐クリームやピュレを作るときな
ど、素材を撹拌してペースト状に
するときに使います。ミキサーでも
OKです。

木べら

「エレガントな梅と杏のお菓子」で
固めのバターを柔らかく練るときに
使います。

ゴムべら

材料を混ぜたり、すくいあげたりす
るときには弾力のあるゴムべらを使
います。小サイズのゴムべらもある
と少量の材料でも作業しやすいの
で便利です。

スパチュラ

クリームを塗るための道具です。藤
沢さんは、お菓子の大きさや塗る
分量などに合わせて3本持ってい
ますが、もしもこれから1本目を買
うという方は、30cm程度の中サイ
ズのものをおすすめします。

温度計

左）ガラス棒状の200℃まで測れる
料理用温度計です。右）赤外線放
射温度計。−30〜550℃まで測定
可能。早く正確に測れるので、温
度を測ることの多い「エレガントな梅
と杏のお菓子」を作る場合は、ひと
つあると重宝します。

オーブンシート

天板に敷いたり、型からお菓子が
取り出しやすいよう、また生地の表
面が美しく仕上がるよう、型に敷き
込んでいます。

シルパン

洗って繰り返し使えるオーブンシー
ト「シルパン」を藤沢さんは愛用し
ています。メッシュ状になっている
ため熱の通りがよく、生地がきれ
いに焼き上がります。

口金

1）口径1cmの星口金は「杏ジャムのクッキー」（P37）に使用。

2）口径1.2cmの丸口金は「カーディナルシュニッテン」（P78）に使用。

3）サントノーレ口金は「梅クリームのタルト」（P780）に使用。

この本で使った主な型

パウンド型

縦15×横7×高さ6cmのパウンド型を「梅の蒸しパウンドケーキ」（P18）、「梅とハーブの白羊羹」（P23）、「杏とバナナのパウンドケーキ」（P38）に使用。縦18×横7.5×高さ6.5cmのパウンド型を「梅とくろもじ茶のケイク」（P72）、「フレッシュ杏のガトーヤウー」（P89）、「杏とグリーンレーズンのスパイスケイク」（P92）に使用しました。

タルト型

直径18cmのタルト型を「梅と烏龍茶クランブルのタルト」（P20）、「杏とココアのタルト」（P20）に使用しました。

バット

縦20×横16×高さ2cmのバットを「杏ジャムの求肥巻き」（P40）に使用。縦20.8×横14.5×高さ4.4cmのバットを「梅の香りのエディブルフラワーゼリー」（P66）、「梅のバタークリームケーキ」（P76）に使用しました。

丸型

直径18cmの丸型を「フレッシュ杏のクランブルケーキ」（P44）に使用。直径15cmの丸型を「杏のレアチーズケーキ風」（P44）、「杏のキャラメルタルト」（P96）、「杏とラベンダーのショートケーキ」（P98）に使用。直径12cmの丸型を「梅のチーズケーキ」（P70）に使用しました。

マルグリット型

直径17cmのマルグリット型を「杏のアーモンドケーキ」（P90）に使用しました。

底のない長方形型

縦18×横7×高さ5cmの長方形型を「杏とライムのムース」（P100）に使用しました。

タルトリング

縦16×高さ2cmのタルトリングを「杏のキャラメルタルト」（P96）に使用しました。

キャドル

18cm四方の角型を「パート・ド・フリュイ」（P68）に使用しました。

セルクル

直径7×高さ1.5cmのセルクルを「梅クリームのタルト」（P80）に使用しました。

菊型

直径5cmの菊の抜き型を「杏とタイムのジャムのショートブレッド」（P88）に使用しました。

梅と杏のナチュラルスイーツ

卵・白砂糖・乳製品なしの

旬の短い梅と杏。梅は特に、季節を感じる手仕事の代表ではないでしょうか。梅の実のへたを取っていると、いつも以上に季節の移り変わりと年月の流れを感じます。

毎年、梅が青果店に出始めると、「早く買わないとなくなる〜」とそわそわしてしまいます。この時季、朝目覚めてキッチンに入ると梅のよい香りが漂います。もう1日、もう1日、と思っていると、だんだん黄色くなり、早く仕込まなくちゃ、となるのがお決まりのパターン。

梅干しはあまり食べないので、数年に一度くらいしか仕込みませんが、梅ジュースや梅シロップは、ハーブやスパイスをたくさん入れて作り、炭酸水で割って飲むのがお気に入りです。ハーブやスパイスが好きな方は、レシピより少し多く入れてください。

シロップの中でしわしわになりきれなかった梅の実は、日々つまんで食べていくのも楽しみのひとつ。ジャムにするのも定番かと思いますが、ピュレ状にしてクッキーやタルトに活用してみてください。刻んでケーキに混ぜ込むのもおすすめです。

そして、梅よりももっと旬の短い杏。私の定番メニューになっているクランブルケーキは、中学生のころに杏で作ったのが初めての思い出のケーキです。当時は缶詰のアプリコットを使っていました。大人になって生の杏を見たとき、あのクランブルケーキを生の杏で作りたい！ とすぐに思いました。缶詰で作るものとは味わいが変わりましたが、クランブルからのぞくかわいらしいオレンジ色は変わりません。生の方が酸味があって、クランブルとのメリハリもあり、さっぱりとしたケーキに仕上がります。

梅と杏はどちらも旬が短いですが、少しじめじめした時季だからこそ、食べると癒やされるのだと思います。香りを楽しみ、手仕事を楽しみ、漬かっていく変化を楽しみながら、旬の恵みを味わえる幸せと豊かさを感じていただけたらと思います。

今井ようこ

フランス菓子ベースの
エレガントな梅と杏のお菓子

杏は旬が短くあっという間になくなってしまいますが、近年はスーパーでも取り扱いが増えていて、その人気の高さがうかがえます。杏のジャムやドライ杏はフランス菓子に欠かせない存在でもあります。

数あるジャムの中で私が一番好きなものが、杏ジャムなんです。1瓶食べきってしまうこともあり、あとで一人反省会を開くこともあります（苦笑）。今回はそんな大好きな杏を使ったお菓子の本ということで、張り切ってレシピ開発に臨んだのですが、生の杏を使ったお菓子づくりには思いのほか苦労しました。

杏の実は本当にデリケートで、熱を加えすぎるとすぐにジャム状になってしまいます。生の杏のフレッシュさを活かすためには、手を入れすぎずシンプルに仕上げるのが一番だという結論に至りました。こうして生まれたのが、生の杏をたっぷり使った「ガトーヤウー」（P89）、「杏のアーモンドケーキ」（P90）、「杏とラベンダーのショートケーキ」（P98）です。

「これ以上ないほどの杏感」を出したいと、うまみと甘みが凝縮したドライ杏をぜいたくに、限界まで入れたのが、「杏とグリーンレーズンのスパイスケイク」（P92）です。こちらもぜひ作っていただき、皆さまの感想をお聞かせいただけたらと思います。

梅に関しては、梅酒やシロップにはなじみがありますが、フランス菓子では見たことがないですよね。でも、強い酸味とうまみは、お菓子に向いており、卵やバターとも相性がいい素材です。「梅のチーズケーキ」（P70）や「梅のバタークリームケーキ」（P76）は、特にお気に入りのメニューです。

この本を通じて、梅と杏のおいしさを再発見していただければうれしく思います。

藤沢かえで

[おまけレシピ]

梅のプレーンシロップ（P62）、梅のカルダモンジンジャーシロップ（P62）、梅のエルダーフラワーシロップ（P63）、梅の甘露煮（P64）などの梅の実とシロップを使った簡単なお菓子です。

梅のフルーツポンチ

好みの梅の実とシロップを、シャインマスカット、りんごと混ぜ、炭酸水で割る。

梅のパルフェ

好みのシロップでゼリーを作る。ゼリーを崩して器に入れ、好みの梅ジャム（P65）、ギリシャヨーグルト、ゼリーの順に重ね、梅の実をのせ、あれば食用のラベンダーを飾る。

今井ようこ（いまい・ようこ）

サザビー アフタヌーンティーの企画開発を経てフリー。企業との商品開発のほか、マクロビベースの料理教室roof主宰。著書に『桃のお菓子づくり』、『栗のお菓子づくり』、『いちじくのお菓子づくり』、『柿のお菓子づくり』、『いちごのお菓子づくり』（すべて共著、誠文堂新光社）、『Roofのごほうびクッキー』（文化出版局）、『まいにち食べたいヴィーガンスイーツ』（エムディエヌコーポレーション）ほか。

藤沢かえで（ふじさわ・かえで）

イル・ブルー・シュル・ラ・セーヌフランス菓子本科・卒業研究科修了。パリEcole Ritz Escoffierにて本場のフランス菓子を学ぶ。サロンスタイルのお菓子教室l'erable主宰。著書に『桃のお菓子づくり』、『栗のお菓子づくり』、『いちじくのお菓子づくり』、『柿のお菓子づくり』、『いちごのお菓子づくり』（すべて共著、誠文堂新光社）。

材料協力
株式会社富澤商店
オンラインショップ　https://tomiz.com/
電話番号：0570-001919

商品提供
株式会社池商
ホームページ　https://www.ikesho.co.jp/
電話番号：042-795-4311

ジャム、コンポートから、クッキー、タルト、フィナンシェ、チーズケーキ、ジェラート、葛まんじゅうまで

梅と杏のお菓子づくり

2023年5月18日　発行　　　　　　　　　NDC596

著　者　今井ようこ、藤沢かえで

発行者　小川雄一

発行所　株式会社 誠文堂新光社
　　　　〒113-0033 東京都文京区本郷3-3-11
　　　　電話 03-5800-5780
　　　　https://www.seibundo-shinkosha.net/

印刷・製本　図書印刷 株式会社

ISBN978-4-416-52367-4

撮影　　　　　　　　邑口京一郎（梅と杏のナチュラルスイーツ）、
　　　　　　　　　　中垣美沙（カバー、P2〜3、P6〜8、P10〜13の一部、
　　　　　　　　　　P31の一部、P32の一部、P42〜47、エレガントな梅と杏のお菓子）
スタイリング　　　　曲田有子
デザイン　　　　　　高橋朱里（マルサンカク）
校正　　　　　　　　安久都淳子
調理アシスタント　　細井藍子、池田香織、古庄香織、粕谷裕子
編集　　　　　　　　斯波朝子（オフィスCuddle）